DONUTS

Kringel, Krapfen & anderes Schmalzgebäck

Mowie Kay

DONUTS

Kringel, Krapfen & anderes Schmalzgebäck

50 köstliche Rezepte mit Schritt-für-Schritt-
Anleitungen und 200 schönen Fotografien

EDITION XXL

Erstveröffentlichung unter dem Titel:
„Easy-to-make Doughnuts"
© Aquamarine, ein Imprint von
Anness Publishing Ltd, 2014

Genehmigte Lizenzausgabe
EDITION XXL GmbH
Industriestraße 19
64407 Fränkisch-Crumbach 2015
www.edition-xxl.de

Fotografie und Ausstattung: Mowie Kay
Food-Styling: Mowie Kay und Bruce Martin
Design: Lisa Tai
Übersetzung: Margit Unser

Die Verlegerin dankt folgenden Institutionen für die
Erlaubnis, deren Fotos zu reproduzieren: EPA European
Pressphoto Agency B.V./Alamy S. 8; Martí Sans/Alamy
S. 9 (oben); Damons Point Light/Alamy S. 9 (rechts);
David Wei/Alamy S. 9 (links).

ISBN 978-3-89736-158-4

Bitte beachten Sie:
- Die Temperaturen in diesem Buch beziehen sich auf Um-
  luftherde. Falls Sie einen Backofen mit Ober-/Unterhitze
  verwenden, muss die Temperatur um 20 °C erhöht werden. Da nicht alle Backöfen gleich sind, sollten Sie die
  Gebrauchsanweisung Ihres Herstellers lesen.
- Die Nährwertangaben für jedes Rezept beziehen sich auf
  eine Portion (ein Stück).
- Falls nicht anders angegeben, wurden bei diesen Rezepten mittelgroße Eier verwendet.

Inhalt

Köstliche Donuts

Luftig leicht, süß und schmeckt nach mehr: Frittierter Teig ist die ultimative, süße Köstlichkeit. Donuts sind mittlerweile in unendlich vielen Formen und Geschmacksrichtungen überall auf der Welt zu finden. Ob mit Zucker bestäubt, vor Marmelade triefend oder mit Schokolade überzogen – Donuts sind sehr beliebt und an vielen Orten erhältlich: an den Ständen der Straßenverkäufer, in familiengeführten Bäckereien und selbst in erstklassigen Restaurants.

Trotz ihrer derzeitigen Beliebtheit sind Donuts keine neue Erfindung. In vielen Ländern der Welt stößt man auf historische Rezepte für frittierten Teig, der normalerweise mit süßen Zutaten überzogen oder gefüllt wird. Vermutlich sind Donuts in Holland entstanden, wobei der ursprüngliche Donut der holländische *Oliebolle* gewesen sein soll. Hinter diesem Namen verbergen sich kleine runde Teigkugeln, die in Öl ausgebacken und mit Zucker bestreut werden. Man geht davon aus, dass die Holländer sie nach Amerika brachten, wo sie sich dann zu den Donuts entwickelten, wie wir sie heute kennen.

Donut-Varianten

In diesem Buch finden Sie eine breite Palette von Donut-Arten, von traditionellen Rezepten mit Hefeteig bis hin zu modernen Varianten aus dem Backofen. Donuts gibt es in vielen Formen und Größen. Die traditionelle Form ist ein Ring mit einem Loch in der Mitte, die noch warm, frisch aus der Fritteuse und mit Zucker überzogen, verzehrt wird. Noch gut erinnere ich mich an die Wetten

Das Loch im Donut entstand ursprünglich durch Einstechen des Teiges mit einem Donut-Ring.

mit Freunden, bei denen es darum ging, möglichst lange der Versuchung zu widerstehen, sich den Zucker von den Lippen zu lecken! Bei gefüllten Donuts wird der Teig zu einer Kugel geformt, die dann zum Füllen mit dem Griff eines Löffels ausgehöhlt wird. Doch gibt es auch Donuts in Form von Kissen, Dreiecken, Quadraten, Stäbchen und in praktisch jeder anderen beliebigen Form. Mit Ausstechformen können Sie den Teig in interessanten Figuren und Größen ausstechen.

In diesem Buch habe ich mich an traditionelle Formen gehalten. Experimentieren Sie jedoch nach Belieben – Donut-Teig ist sehr vielseitig!

So verwenden Sie dieses Buch

Auf den folgenden Seiten erläutere ich Ihnen die Zubereitung von Donuts, angefangen von den Zutaten, die Sie benötigen, bis hin zu nützlichen Tipps, auf die ich im Laufe der Zeit beim Ausprobieren gestoßen bin. Danach folgen 50 verschiedene Donut-Rezepte. Jedes davon ist sehr vielseitig und kann je nach individuellen Vorlieben abgeändert werden. Jedes Rezept ist in sich „vollständig", d. h. Sie können es von Anfang bis Ende nachbacken. Schwierige Schritte werden anhand von hilfreichen Fotos

Ein Teigrezept kann unterschiedlich geformt, überzogen, verziert oder gefüllt werden.

Donuts können auf sehr elegante Weise serviert werden und geben der Kaffeestunde am Nachmittag einen besonderen Pfiff.

Mit einem winzigen Klecks Lebensmittelfarbe können leckere Glasuren in Pastelltönen hergestellt werden. Auch Schokoladen-Toppings sind verführerisch.

veranschaulicht. Sobald Sie jedoch den Dreh raus haben, können Sie einfach durch die Seiten blättern und die Rezepte untereinander kombinieren. Probieren Sie z. B. glutenfreie Donuts mit Schokoladenfondant-Glasur oder nehmen Sie das Topping eines ausgebackenen Donuts und verwenden Sie es stattdessen für einen Donut aus dem Backofen.

Das erste Kapitel behandelt die Klassiker und ist ein idealer Einstieg. Sobald Sie den einfachen, mit Zucker bestäubten Ring gut beherrschen, werden Ihnen auch kompliziertere Rezepte mit Füllungen und Toppings leichtfallen. Das zweite Kapitel umfasst traditionelle Rezepte aus aller Welt, von spanischen Churros mit Schokoladensoße zum Eintauchen bis hin zu Koeksisters aus Südafrika. Im letzten Kapitel habe ich einige Geschmackskombinationen zusammengestellt, die durch Küchentraditionen und Zutaten aus der ganzen Welt inspiriert sind.

Donuts gibt es überall

In fast jedem Land trifft man auf eine regional typische Donut-Sorte und ich habe versucht, einige der beliebtesten Rezepte in dieses Buch aufzunehmen, ebenso wie einige besonderes ungewöhnliche Rezepte. Einige Donuts mögen anders aussehen als erwartet, im Wesentlichen werden sie jedoch alle nach ähnlichen Rezepten hergestellt und das Prinzip lautet, einen süßen Teig auszubacken, bis er luftig und knusprig ist.

Festliche Happen

Wie viele andere süße Leckereien werden Donuts auf der ganzen Welt bei feierlichen Anlässen verzehrt. Die traditionellen holländischen *Oliebollen*, häufig als ursprüngliche Donuts bezeichnet, werden normalerweise zu Silvester und Neujahr verzehrt, um das neue Jahr zu begrüßen. Sie werden auch auf Jahrmärkten zubereitet und verkauft. Der *Berliner* ist ein deutscher Klassiker, der aus Hefeteig besteht, in Öl ausgebacken und mit Marmelade gefüllt

Ein holländischer Bäcker holt Oliebollen *aus dem heißen Öl.*

wird. Er wird in Deutschland auch an Karneval gerne gegessen.

Schmalzgebäck ist bei Festen und Feiern in zahlreichen Ländern anzutreffen. Es ist unglaublich, dass ein derartigs Grundrezept, in Öl ausgebackener Teig, so viele verschiedene Varianten haben kann: Griechische *Loukoumades* werden in Zuckersirup eingetaucht und können mit Pistazien bestreut werden. Spanische *Churros* werden direkt in heißes Öl gepresst und später in eine gehaltvolle Schokoladensoße getaucht. Südafrikanische *Koeksisters* werden geflochten und in eiskalten Sirup getaucht, was ihnen eine knusprige äußere Hülle verleiht.

Verrückte Kombinationen

Heute gibt es unzählige Möglichkeiten, wenn es um die Herstellung von Donuts geht. Kreative zeitgenössische Bäcker haben neue Ideen entwickelt, wie man aus einem Donut etwas Neues und Aufregendes machen kann. Durch die Kombination eines Donuts mit einem Croissant wurde ein neuer Backtrend erfunden, der rund um den Globus ging: Teig nach Hörnchenart wird wie ein Donut geformt und ausgebacken, wodurch eine köstliche, butterige und knusprige Leckerei entsteht. Eine ebenfalls beliebte Kombination ist die Verschmelzung von Muffin und Donut zu einem kuchenartigen

In Bäckereien in den USA wurde die Donut-Croissant-Kombination populär und macht jetzt weltweit Furore.

Donut, der mit Marmelade gefüllt und mit Zucker überzogen wird. Die Popularität dieses Erzeugnisses spiegelt das neu erwachte Interesse an Kuchen-Donuts wider, und in diesem Buch finden Sie einige Backrezepte zum Ausprobieren.

Rechts: Frisch ausgebackene Churros, *mit Puderzucker und Zimt bestäubt, werden in ganz Spanien serviert.*

Unten: Loukoumades *werden in Zuckersirup getränkt, bevor sie serviert werden.*

Basiszutaten

Das Beste an der Herstellung von Donuts und auch anderem Schmalzgebäck ist, dass Sie nur Basiszutaten benötigen, von denen die meisten vermutlich in Ihrem Vorratsschrank zu finden sind. Ich empfehle, Zutaten von guter Qualität zu verwenden, da Sie beim Verzehr zweifellos den Unterschied bemerken werden.

Mehl Für Donuts aus Hefeteig verwenden Sie am besten helles Mehl aus Weizen für Brot, Type 550 oder 1050. Es verleiht den Donuts eine leichtere und luftigere Textur. Sie können auch Mehl der Type 405 verwenden, aber die Donuts werden dann etwas zäher und nicht ganz so weich. Für Donuts aus dem Backofen ist normales Mehl die beste Wahl. Sie können es auch mischen, indem Sie die Hälfte der Mehlmenge durch Vollkornmehl ersetzen. Oder probieren Sie mal Reismehl oder glutenfreies Mehl, das interessante Texturen ergibt.

Hefe Als wichtigste Zutat, damit Ihre Donuts schön leicht und luftig werden, habe ich für viele Rezepte in diesem Buch Trockenhefe verwendet, die in Tütchen erhältlich ist. Hefe ist temperaturempfindlich, deshalb ist es wichtig, lauwarme Milch zu nehmen, da die Temperatur die

Hefe aktiviert und diese wiederum Gase erzeugt, die den Teig mit Kohlensäure versetzen. Kalte Milch aktiviert die Hefe auch, jedoch nicht so schnell, weshalb Sie den Teig länger gehen lassen müssen. Heiße Milch kann die Hefebakterien abtöten und sie untauglich machen.

Backpulver Als Alternative zum Triebmittel Hefe ergibt auch Backpulver einen leichten Teig. Das Ergebnis unterscheidet sich insofern vom Hefeteig, als Backpulver den Teig eher kuchenartig und weniger geschmeidig-brotartig werden lässt.

Eier Für die Rezepte in diesem Buch habe ich mittelgroße Eier verwendet. Ich bevorzuge normalerweise Bio-Eier aus Freilandhaltung, da sie einen besseren Geschmack liefern. Achten Sie darauf, nur frische Eier zu verwenden, um die besten Ergebnisse zu erzielen. Schlagen Sie die Eier einzeln über einer Tasse auf. So können Sie ihren Frischegrad selbst überprüfen, bevor Sie sie mit den anderen Zutaten vermischen.

Butter In den Teig kommt etwas Butter. Das Fett verleiht den Donuts eine geschmeidige Textur. Bei Hefeteig verwenden Sie am besten gekühlte Butter.

Salz Salz sollten Sie nur sehr sparsam verwenden – normalerweise reicht eine Prise. Schmeckt man das Salz im Endprodukt heraus, haben Sie wohl zu viel davon verwendet. Falls Sie jedoch ganz darauf verzichten, schmeckt der Teig am Ende ziemlich fad. Wollen Sie ganz auf Salz verzichten, lassen Sie den Hefeteig einfach kürzer gehen, da Salz als Regulator für die Hefe dient und die Geschwindigkeit senkt, mit der diese arbeitet. Bei den herzhaften Karamell-Donuts, die mit Salzflocken bestreut werden, verwende ich Salz mit niedrigem Natriumgehalt, um die Natriummenge im Rezept insgesamt zu senken.

Zucker Er fördert die Funktion der Hefe und süßt den Teig, wobei sich Streuzucker für Donut-Teig am besten eignet. Er dient auch zum Bestreuen der Donuts nach dem Backen. Normalerweise wird Streuzucker verwendet, es steht jedoch eine Vielzahl anderer Zuckerarten zum Bestäuben zur Auswahl, darunter der weiche und pulvrige Puderzucker und der kräftige Rohrzucker sowie aromatisierter Zucker. Puderzucker wird mit Flüssigkeit verrührt, um verschiedene Glasuren zum Überziehen der Donuts herzustellen: Nach und nach etwas Wasser oder Zitronensaft dazugeben und glattrühren.

Milch Verwenden Sie lauwarme Milch für den Teig, keine kalte Milch, denn so hilft sie der Hefe, mit der richtigen Geschwindigkeit zu arbeiten. Die besten Ergebnisse erzielen Sie mit Vollmilch.

Öl Für die Donuts in diesem Buch habe ich Sonnenblumenöl zum Ausbacken verwendet, Sie können jedoch fast jedes Pflanzenöl verwenden, solange es kein starkes Aroma oder einen niedrigen Rauchpunkt hat. Sie brauchen etwa 1 Liter Öl. Wenn Sie eine Fritteuse verwenden, haben Sie eine bessere Kontrolle über die Temperatur.

Fertigfüllungen

Probieren Sie diese einfachen und schnellen Ideen für Donut- und Schmalzgebäckfüllungen aus:

- Marmeladen und Gelees
- Nussmus
- gebrauchsfertiger gekühlter Vanillepudding („Custard")
- Schokoladen-Haselnuss-Aufstrich
- Dulce de leche/(Milchkaramell)
- Zitronen- oder Limettenaufstrich

Himbeermarmelade und Erdnussbutter

Dulce de leche (Milchkaramell)

Utensilien für gutes Gelingen

Einer der großen Vorteile bei der Zubereitung von Donuts und Schmalzgebäck besteht darin, dass Sie keine Spezialgeräte benötigen, um professionell wirkende Ergebnisse zu erzielen. Zweifellos gibt es einige Elektrogeräte, die den Prozess vereinfachen, diese sind jedoch keinesfalls notwendig. Mit einigen grundlegenden Utensilien sind Ihre Donuts im Handumdrehen fertig.

Standmixer Für die Herstellung von Kuchen und Brot ist ein Standmixer zwar nützlich, jedoch auch kostspielig. Um Donuts auf die Schnelle herzustellen, ist ein Mixer natürlich gut geeignet: Lassen Sie einfach den Mixer den Teig kneten, während Sie die Glasur oder Füllung herstellen. Die Zutaten der Rezepte in diesem Buch habe ich allerdings von Hand verknetet, denn nach meiner Erfahrung entsteht dabei ein elastischerer Teig. Außerdem hat man beim Kneten per Hand ein besseres Gefühl dafür, wann der Teig fertig ist.

Donut-Ausstecher Spezielle Donut-Ausstecher können Sie online und in Fachgeschäften für Backzubehör kaufen. Diese sind ringförmig und haben ein Loch in der Mitte. Sie können auch andere Plätzchenausstecher verwenden, um interessant geformte

Donuts herzustellen. Bedenken Sie jedoch, dass der Teig beim Gehen und Ausbacken noch aufgeht, d. h. Ausstecher mit spitzen Rändern wie z. B. Sterne eignen sich nicht besonders gut. Wenn Sie keinen Donut-Ausstecher auftreiben können, benutzen Sie einfach eine runde Ausstechform, um den ausgerollten Teig auszustechen und verwenden Sie dann die runde Tülle eines Spritzbeutels, um in der Mitte ein Loch auszustechen.

Backpapier Nachdem ich die Donuts geformt habe, lasse ich sie auf kleinen quadratischen Backpapierzuschnitten aufgehen. Wenn die Donuts auf separaten Papierquadraten liegen, lassen sie sich leichter in das heiße Öl geben, ohne dabei zu verformen: Die Ecken des Backpapiers leicht anheben und den Donut in das heiße Öl gleiten lassen. Rutscht

der Teig nicht leicht ab, geben Sie ihn einfach mit dem Papier in das Öl, mit der Papierseite oben. Das Papier löst sich schnell ab und kann mit einer Zange oder einem Schaumlöffel während des Frittierens der Donuts aus dem Öl entfernt werden.

Klarsichtfolie Den Teig nach dem Kneten mit Klarsichtfolie abdecken, um die Feuchtigkeit im Teig zu schützen und zu verhindern, dass er austrocknet. Denn dadurch bilden sich eine Haut auf der Oberfläche und harte Stellen in den fertigen Donuts. Haben Sie keine Klarsichtfolie zur Hand, verwenden Sie einfach ein angefeuchtetes Geschirrtuch.

Topf Ich backe Donuts gerne in einem Topf aus. Dafür ist ein schwerer, tiefer Topf gut geeignet. Je tiefer er ist, desto geringer ist die Wahrscheinlichkeit, dass es spritzt. Zum Frittieren sollten Sie keinen antihaftbeschichteten Topf verwenden, da hohe Temperaturen die Wirkung der Antihaftbeschichtung beeinträchtigen können.

Zuckerthermometer Mit diesem wichtigen Utensil ermitteln Sie die Temperatur des Ausbacköls, wenn Sie zum Frittieren einen Topf verwenden. Das Öl sollte etwa 170 °C heiß sein. Haben Sie kein Zuckerthermometer, so können Sie mit einem kleinen Stück Brot die optimale Temperatur des Öls ermitteln: Wird das Brot innerhalb von 30 Sekunden goldbraun, ist das Öl heiß genug, um die Donuts auszubacken.

Rührschüsseln und Klarsichtfolie

Verschiedene Donut-Ausstecher

Zuckerthermometer

Küchentücher und Schaumlöffel

Donut-Backformen

Wird das Brot schneller braun, ist das Öl zu heiß; wird es in dieser Zeit nicht braun, ist das Öl noch nicht heiß genug.

Fritteuse Obwohl ich in den Rezepten einen Topf zum Frittieren benutzt habe, können Sie natürlich auch eine Fritteuse verwenden. Damit kann man die Temperatur des Öls konstant halten, was ein gleichmäßiges Garen sicherstellt. Der Behälter der Fritteuse wird mit Öl gefüllt, die Temperatur eingestellt und die Donuts in das Öl gegeben. Die meisten Fritteusen haben einen Korb mit Griffen, mit dem Sie die Donuts aus dem Fett heben können.

Schaumlöffel Beim Frittieren im Topf holen Sie die Donuts mit einem langstieligen Schaumlöffel aus dem Öl. Halten Sie dabei mit Ihren Händen einen Sicherheitsabstand ein.

Zange Anstelle eines Schaumlöffels können Sie eine Zange benutzen. Manche Köche bevorzugen diese Arbeitsweise. Mithilfe langstieliger Zangen halten Sie Ihre Hände vom

Öl fern. Seien Sie jedoch vorsichtig, wenn Sie die Donuts herausnehmen, damit sie nicht verformt werden.

Küchenpapier Sie brauchen reichlich saugfähiges Küchenpapier, auf dem Sie die frittierten Donuts ablegen. Das Papier saugt das überschüssige Öl auf, bevor Sie die Donuts mit Zucker bestäuben oder glasieren.

Donut-Backform Zur Herstellung von Donuts im Backofen sind Donut-

Spritzbeutel und Spritztüllen

Backformen in unterschiedlichen Größen erhältlich. Diese Formen sind ideal für gebackene Donuts mit einer reichhaltigen, kuchenartigen Textur.

Elektrischer Donut-Garer Diese modernen Geräte ähneln einem Waffeleisen und bieten die Möglichkeit, ringförmige Donuts ohne Öl „wie im Backofen" zuzubereiten. Teige auf Hefebasis sind hierfür allerdings nicht geeignet.

Spritzbeutel und -tüllen
Einwegspritzbeutel sind billig und ersparen Ihnen das Spülen mehrfach verwendbarer Beutel oder deren Herstellung aus Backpapier. Zum Füllen der Donuts einfach ein Ende abschneiden; eine Tülle ist nicht erforderlich. Spritzbeutel werden auch zum Spritzen von Donut-Teigen, wie z. B. Churros oder Spritzkuchen, benutzt. Verwenden Sie bei diesen eine sternförmige Tülle. Ich verwende einen Spritzbeutel auch, um den Teig in die Donut-Backformen zu füllen. So verteilt sich der Teig gleichmäßig, was die Backergebnisse verbessert.

Einfache Techniken

Beim Verfassen dieses Buches habe ich Tausende von Donuts, Krapfen oder Berliner hergestellt und kann Ihnen nun einige praktische Tipps geben: von der Gehzeit des Teiges und einfachen Tricks für die Herstellung perfekter Kringel bis hin zu Ratschlägen für sicheres Gelingen beim Ausbacken und Garnieren. Auf den folgenden Seiten wird einfach alles behandelt, was Sie wissen müssen, um göttliches Schmalzgebäck herzustellen.

Der Schlüssel für die erfolgreiche Donut-Herstellung liegt in der Vorbereitung. Bevor ich anfange, lege ich alle Zutaten und Utensilien bereit, was man auch *mise en place* nennt. So kann ich prüfen, ob ich alles habe, was ich benötige und verhindere, dass ich beim Backen umherrennen muss. Wiegen Sie alle Zutaten ab, bevor Sie anfangen, und stellen Sie sie in verschiedenen Schüsseln parat. Egal, ob Sie einen Hefeteig oder auf einem Blech gebackene Donuts zubereiten, im Voraus zu planen ist das A und O.

Hefeteig herstellen

Klassischer Donut-Teig wird mit Hefe zubereitet. Er ähnelt Brotteig und braucht viel Zeit zum Gehen. Deshalb sollten Sie etwa 2 Stunden, bevor Sie die Donuts ausbacken möchten, mit der Zubereitung des Teigs beginnen. Sieben Sie das Mehl zusammen mit der Hefe, dem Zucker, dem Salz und allen anderen trockenen Zutaten in eine Schüssel. Die gekühlte Butter dazugeben und einarbeiten, bis die Mischung krümelig aussieht. Die Eier und die Milch dazugeben und den Teig in der Schüssel zu einer Kugel kneten. Etwas Mehl auf eine saubere Arbeitsfläche streuen und den Teig ausbreiten. Der Teig ist an diesem Punkt sehr klebrig. Den Teig 10 Minuten von Hand (oder mit dem Haken eines Handmixers) kneten, bis ein leichter und elastischer Teig entstanden ist. Seien Sie geduldig – die Zutaten verbinden sich. Den Teig zu einer Kugel formen, in eine leicht geölte Schüssel legen und mit Klarsichtfolie oder einem feuchten Geschirrtuch abdecken. Beim Einfetten der Schüssel können Sie ein Backspray verwenden, denn Sie brauchen nur eine minimale Menge.

Hefeteig gehen lassen

Der Teig muss je nach Raumtemperatur bis zu 1 Stunde ruhen. Dabei arbeitet die aktivierte Hefe, indem sie den Teig mit kleinen Luftblasen

Kneten

Wenn Sie anfangen, den Teig zu kneten, ist er sehr klebrig und Sie werden vielleicht vermuten, er sei zu klebrig für die Verarbeitung. Der Trick dabei ist, weiterzukneten – alle Zutaten werden sich nach etwa 10 Minuten verbinden. Versuchen Sie, nicht mehr Mehl hinzuzugeben als im Rezept steht, denn dadurch würde der Teig hart, gummiartig und elastisch werden. Ziel ist ein leichter und lockerer Teig, der sich am Ende der Knetzeit anfühlt, als wolle er an den Händen kleben bleiben, jedoch trotzdem leicht abgeht.

In der ersten Phase des Gehens verdoppelt der Teig seine Größe.

In der zweiten Phase des Gehens werden die Donuts größer und runder.

versetzt, die ihn aufgehen lassen. Wenn Sie den Teig nicht lange genug gehen lassen, wird er fest, dick und beim Ausbacken hart. Die Größe des Teigs sollte sich in dieser Phase verdoppeln. Der Teig wird dann nach Bedarf geformt, entweder mit den Händen zu Kugeln gerollt oder mit einem Nudelholz ausgerollt und dann zu Ringen ausgestochen.

Hefeteig formen

Die Kugel ist eine der Grundformen, in die Sie den Teig bringen können. Lassen Sie sich jedoch nicht dazu verleiten, den Teig einfach zwischen den Händen zu rollen, denn dies hinterlässt Linien und Spuren, die das Resultat beeinträchtigen. Am besten die Teigkugel in beiden Händen halten und fortwährend von

oben nach unten ziehen und dehnen, dabei etwaige überschüssige Teigfalten miteinarbeiten. So bekommen die Donuts eine glatte Oberseite und können gleichmäßig aufgehen.

Für Donut-Kringel den Teig etwa 1 cm dick ausrollen und mit einem Donut-Ausstecher Ringe ausstechen. Sie können nach Belieben auch andere Ausstechformen verwenden. Unabhängig von der Form der Donuts legen Sie diese jeweils auf ein Stück Backpapier, auf dem die Donuts ein zweites Mal aufgehen müssen. Das Backpapier hilft Ihnen, den Teig in das Öl zu geben, ohne ihn zu verformen. Befinden sich alle Donuts auf einem Papier, ist es sehr schwierig, sie alle in das Öl zu legen, ohne dabei einige zu quetschen oder zusammenzukleben.

Donuts erneut gehen lassen

Die Donuts weitere 30 Minuten auf den quadratischen Backpapierzuschnitten gehen lassen. Während dieser Zeit geht der Teig etwas auf, verdoppelt sich jedoch nicht als Ganzes. In dieser Phase sehen Sie, wie die Donuts Gestalt annehmen. Nach 30 Minuten sind sie bereit zum Ausbacken.

Teilen Sie den Teig vorab in gleich große Stücke.

Aus den „Löchern" kneten Sie einen weiteren Donut.

Die Donuts auf quadratische Backpapierzuschnitte legen und dann erneut gehen lassen.

Tipps zum Ausbacken

• Wenn Sie mehrere Donuts gleichzeitig ausbacken und andere währenddessen mit Zucker bestreuen, darf kein Zucker auf die Utensilien gelangen, mit denen Sie die Donuts aus dem Topf heben. Dieser Zucker setzt sich am Boden ab und karamellisiert zu einer schwarzen Kruste. Benutzen Sie daher stets saubere Geräte.

• Es empfiehlt sich, den Schaumlöffel, wenn er gerade nicht verwendet wird, auf einem Teller mit etwas Küchenpapier abzulegen.

• Stellen Sie eine große hitzebeständige Schüssel in die Nähe des Topfes der Fritteuse, in der Sie alle Backpapierquadrate sofort entsorgen können, nachdem die Donuts ins Öl gebracht wurden.

• Zuckerthermometer haben einen Clip, an dem das Thermometer in das Öl gehängt werden kann, ohne dabei die Wände des Topfes zu berühren. Behalten Sie die Temperatur im Auge, da sie schwanken kann und leicht sinkt, sobald die Donuts zugegeben werden und stark ansteigt, wenn sie zu lange ausgebacken werden.

Schaumlöffel und Küchenpapier

Zuckerthermometer

Gefahren durch heißes Öl

Das Ausbacken in Öl kann sehr gefährlich sein, da verschüttetes oder spritzendes Öl leicht zu Verbrennungen führen kann. Lassen Sie sich Zeit und stellen Sie sicher, dass der Topf fest auf der Kochplatte steht. Halten Sie beim Ausbacken stets einen großen Metalldeckel bereit, für den Fall, dass das Öl sich entzündet. Dann ist die Wärmequelle sofort abzuschalten und der Topf mit dem Metalldeckel abzudecken (ein Glasdeckel könnte zerspringen). Dadurch wird den Flammen der Sauerstoff entzogen. Versuchen Sie nicht, den Topf zu bewegen, und geben Sie unter gar keinen Umständen Wasser oder eine andere Flüssigkeit in das heiße Öl. Einen Topf mit Öl niemals unbeaufsichtigt lassen!

Donuts im Ofen backen

In letzter Zeit sind Donuts aus dem Backofen beliebt geworden, weil sie nicht frittiert werden und daher etwas gesünder sind, aber auch, weil sie sich einfacher und schneller als frittierte Donuts zubereiten lassen. Ich bin ein großer Fan von Donuts aus dem Ofen, besonders wenn die Zeit knapp ist und nicht genügend Zeit bleibt, einen Hefeteig gehen zu lassen. Beim Backen von Donuts ist es wichtig, dass Sie Ihren Backofen gut kennen. Finden Sie heraus, wo die heißen Stellen sind und ob er gleichmäßig gart. Wenn eine Seite heißer wird als die andere, sollten Sie die Donut-Backbleche nach der Hälfte der Zeit umstellen. Für alle in diesem Buch genannten Rezepte für Backofen-Donuts können Sie auch einen elektrischen Donut-Bereiter verwenden. Befolgen Sie dabei die Anweisungen des Herstellers.

Donuts im heißen Fett ausbacken

Die perfekte Temperatur, um Donuts auszubacken, liegt zwischen 160 und 180 °C. Ist die Temperatur des Öls zu niedrig, saugt der Teig zuviel Öl auf und wird pampig. Ist die Temperatur zu hoch, werden die Donuts außen zu schnell braun und sind innen noch nicht durchgebacken. Meiner Erfahrung nach ist 170 °C die perfekte Temperatur, wenn die Donuts auf jeder Seite 1–2 Minuten gegart werden.

Zum Ausbacken im Fett brauchen Sie nur einen tiefen, schweren Topf. Befüllen Sie ihn bis zur Hälfte mit etwa 1 Liter Öl oder geben Sie so viel hinein, dass die Donuts beim Ausbacken an der Oberfläche

Mithilfe von Backpapier können Sie den Teig ins Öl gleiten lassen, ohne ihn aus der Form zu bringen.

schwimmen können, ohne den Boden des Topfes zu berühren. Den Topf nie höher als bis zur Hälfte mit Öl füllen, da es über den Rand sprudeln und leicht spritzen könnte.

Das Öl auf die richtige Temperatur erhitzen, dann die Donuts vorsichtig von den Backpapierzuschnitten in das heiße Öl gleiten lassen. Die gegarten Donuts mit einem Schaumlöffel oder einer Zange aus dem Öl nehmen.

Überziehen und Glasieren

Das Garnieren der Donuts ist vermutlich der leichteste Abschnitt. Am einfachsten ist es, sie in Zucker zu wälzen. Traditionell wird Streuzucker verwendet, Sie können jedoch auch jede andere Zuckerart ausprobieren. Wenn Sie die Donuts nicht sofort servieren und der Zucker sich aufzulösen beginnt, bestreuen Sie sie vor dem Servieren einfach erneut mit Zucker. Sie können sie auch mit einer Vielzahl von Dekorationen – von einfachen Glasuren bis hin zu extravaganten Toppings – garnieren.

Warten Sie mit dem Garnieren, bis die Donuts etwas abgekühlt, aber immer noch warm sind. Sind die

Donuts noch zu warm, wenn Sie sie beispielsweise mit Zucker verzieren, so lässt die Wärme den Zucker schmelzen und verklumpen. Das Gleiche gilt für eine Glasur. Wenn die Donuts noch zu warm sind, wird die Glasur die Hitze aufnehmen, schmelzen und nicht richtig fest werden. Dabei können Risse entstehen oder die Glasur fließt vom Gebäck.

Glasieren Sie die Donuts mit einem Löffel, sodass die Glasur an allen Seiten dekorativ herunterläuft. Alternativ tauchen Sie die obere Seite des Donuts in die Glasur und drehen ihn dann um, damit die überschüssige Glasur abtropft. Dadurch entsteht auf der Oberseite ein sauberer Kreis aus Glasur, die in diesem Fall nicht herunterfließt.

Einfache Glasur herstellen

Vermischen Sie etwas Puderzucker mit Wasser, bis eine glatte Masse entsteht. Durch die Zugabe von mehr Wasser wird die Glasur dünnflüssiger, mehr Puderzucker hingegen macht Sie dicker. Zum Aromatisieren können sie Vanilleextrakt, Zitronenschale, Fruchtextrakte und Ähnliches verwenden.

Wenn Sie eine dickflüssige Glasur mit dem Löffel auf den Donuts verteilen, entsteht eine hübsche Garnitur, da die Glasur an den Seiten herunterfließt.

Sie können den ganzen Donut mit einer dünnflüssigen Glasur überziehen. Tauchen Sie ihn in die Glasur, solange er noch etwas warm ist, um ihn rundum zu glasieren. Setzen Sie ihn zum Abkühlen auf einen mit Backpapier ausgelegten Rost, um etwaige Tropfen aufzufangen.

Einfache, mit Zucker bestäubte Donuts sind eine ideale Köstlichkeit am Vormittag.

Füllung

Donuts, Krapfen oder Berliner zu füllen ist ganz einfach. Geben Sie nicht zu viel Füllung hinein, denn dadurch werden sie vielleicht zu süß oder sind schwierig zu essen. Ein Loch zum Füllen lässt sich am besten hineinstechen, solange das Schmalzgebäck noch warm ist. Meistens ist es sinnvoller, die Donuts zuerst zu füllen und dann zu glasieren bzw. zu

bestreuen. Werden sie zuerst gefüllt, so können Sie die Donuts von allen Seiten anfassen, ohne die äußere Garnitur zu beschädigen oder sich die Hände mit Zucker zu verkleben. Wenn Sie eine Füllung nehmen, die gekühlt werden muss, sollten Sie die Donuts damit erst kurz vor dem Servieren füllen. Möchten Sie sie vorab füllen, bewahren Sie die Donuts bis zum Servieren im Kühlschrank auf.

1 Stecken Sie den Griff eines Teelöffels in das Gebäckstück und schaffen Sie darin etwas Platz für die Füllung, indem Sie mit dem Löffelgriff Kreisbewegungen ausführen.

2 Geben Sie die Füllung in einen Einwegspritzbeutel und spritzen Sie sie in das Loch.

Die klassische Füllung von Schmalzgebäck besteht aus Marmelade. Anschließend wird es mit Streuzucker bestreut.

Den riesigen Donut-Kuchen beispielsweise, der ideal für Geburtstage ist, können Sie vorab zubereiten und in einem luftdichten Behälter 1–2 Tage aufbewahren.

Donuts einfrieren

Wenn Sie Donuts einfrieren, dann am besten direkt nach dem Abkühlen, in einem luftdichten Behälter verpackt. Das Einfrieren sollte ohne Zuckerschicht oder Füllung erfolgen, da sich der Zucker beim Auftauen auflöst, wodurch der Teig feucht wird.

Sie sollten die Donuts im Gefrierbehälter unter Luftabschluss auftauen lassen, denn so bleibt die Feuchtigkeit erhalten. Werden Donuts auf einem Kuchengitter aufgetaut, verdunstet die Feuchtigkeit sehr schnell, und die Donuts trocknen aus. Nachdem sie vollständig aufgetaut sind, können Sie die Donuts mit Zucker bestreuen oder glasieren und nach Bedarf mit einer Füllung Ihrer Wahl füllen. Nach dem Auftauen sollten die Donuts innerhalb von 24 Stunden verzehrt werden.

Zum Einfrieren eignen sich am besten ungefüllte Gebäckstücke ohne Glasur oder Streuzucker.

Aufbewahrung

Schmalzgebäck wird am besten verzehrt, solange es noch etwas warm ist, direkt aus der Fritteuse, gefüllt oder ungefüllt, überzogen oder glasiert. Dann ist es leicht, locker, weich und warm und schmeckt am besten. Einige Donuts sollten jedoch ein paar Stunden oder sogar über Nacht gekühlt werden, z. B. wenn sie mit Vanillepudding gefüllt werden, der dann fest wird, und ebenso der Schokoladen-Donut, der durch das Kühlen eine Textur von Schokoladenkuchen entwickelt. Donuts mit einer Sahnefüllung sollten unbedingt im Kühlschrank aufbewahrt werden, falls Sie sie nicht gleich servieren. Bei mir zu Hause halten sie sich normalerweise nicht so lange! Donuts aus dem Backofen sind etwas länger haltbar, ähnlich wie Kuchen.

Donuts aus dem Backofen bleiben länger frisch als in Öl ausgebackene Donuts, somit können sie mit etwas Vorlauf hergestellt werden, wenn sie für eine Party oder einen besonderen Anlass benötigt werden.

DONUT-
Klassiker

Diese Auswahl an Donuts umfasst die beliebtesten Sorten, von traditionellen zuckerhaltigen Köstlichkeiten bis hin zu zeitgenössischen Confiserie-Erzeugnissen, die in den Schaufenstern städtischer Konditoreien dekoriert sind. Ob gefüllte oder ringförmige Donuts, für jeden gibt es die passende Verführung – sahniges Karamell, üppige Schokolade, cremiger Vanillepudding oder herbe Zitronencreme.

Gezuckerte Donuts

Meiner Meinung nach sind sie der Inbegriff klassischer Donuts – leicht, locker, köstlich und süß. Am besten genießt man sie frisch ausgebacken und in reichlich Zucker gewälzt, solange sie noch warm sind. Diese traditionellen Leckereien sind immer sehr schnell aufgegessen. Wie lange können Sie der Versuchung widerstehen, sich nach dem ersten Bissen den Zucker von den Lippen zu lecken?

FÜR 12 STÜCK

225 g Weizenmehl (Type 550)
1 ½ TL Trockenhefe
1 EL Streuzucker
1 Prise Salz
65 g Butter, gewürfelt und gekühlt
1 Ei, verquirlt
120 ml lauwarme Vollmilch

Außerdem

etwas Mehl für die Arbeitsfläche
etwa 1 l Sonnenblumenöl zum
   Ausbacken
120 g Streuzucker zum Bestreuen

1 Das Mehl zusammen mit der Hefe, dem Zucker und dem Salz in eine Schüssel sieben. Die Butter mit den Fingerspitzen in die Mehlmischung einarbeiten. Das Ei und die Milch zugeben und die Masse kneten, bis sich alles verbindet.

2 Den Teig auf einer leicht bemehlten Arbeitsfläche ausbreiten und 10 Minuten kneten, bis er geschmeidig ist. Zu einer Kugel rollen und in eine saubere, leicht eingefettete Schüssel legen. Mit Klarsichtfolie abdecken und an einem warmen Ort etwa 1 Stunde ruhen lassen, bis der Teig doppelt so groß ist.

3 Den Teig auf einer leicht bemelten Arbeitsfläche etwa 1 cm dick ausrollen. Mit einem Donut-Ausstecher 12 Ringe ausstechen und jeweils auf ein Stück Backpapier setzen. Locker mit Klarsichtfolie abdecken und etwa 30 Minuten an einem warmem Ort ruhen lassen, bis der Teig etwas aufgegangen ist.

4 Zum Ausbacken das Öl in einem großen, tiefen Topf auf 170 °C erhitzen.

5 Die Donuts vorsichtig vom Backpapier ins heiße Öl gleiten lassen. Jeweils 3 Stück auf einmal ausbacken. Auf jeder Seite 30–60 Sekunden garen lassen, bis sie überall goldbraun sind. Mit einem Schaumlöffel aus dem Öl nehmen und auf Küchenpapier abtropfen lassen.

6 Den Zucker zum Bestreuen auf einen Teller geben. Solange die Donuts noch warm sind, im Zucker wälzen, bis sie rundum damit bedeckt sind.

Energie 203 kcal/853 kJ; Protein 2,6 g; Kohlenhydrate 29,4 g – davon 16,3 g Zucker; Fett 9,2 g – davon 2,4 g gesättigt; Cholesterin 10 mg; Kalzium 34 mg; Ballaststoffe 0 g; Natrium 95 mg

Glasierte Donuts

Dieses Rezept beschreibt die Zubereitung traditioneller glasierter Donuts. Sie werden aus klassischem Hefeteig hergestellt und mit einer einfachen, süßen Glasur überzogen.

FÜR 12 STÜCK

225 g Weizenmehl (Type 550)
1 ½ TL Trockenhefe
1 EL Streuzucker
1 Prise Salz
65 g Butter, gewürfelt und gekühlt
1 Ei, verquirlt
120 ml lauwarme Vollmilch

Für die Glasur

300 g Puderzucker
50 ml Wasser

Außerdem

etwas Mehl für die Arbeitsfläche
etwa 1 l Sonnenblumenöl
  zum Ausbacken

1 Das Mehl zusammen mit der Hefe, dem Zucker und dem Salz in eine Schüssel sieben. Die Butter mit den Fingerspitzen in die Mehlmischung einarbeiten. Das Ei und die Milch zugeben und die Masse kneten, bis sich alles verbindet.

2 Den Teig auf einer leicht bemehlten Arbeitsfläche ausbreiten und 10 Minuten durchkneten, bis er geschmeidig ist. Zu einer Kugel rollen und in eine saubere, leicht eingefettete Schüssel legen. Mit Klarsichtfolie abdecken und an einem warmen Ort etwa 1 Stunde ruhen lassen, bis der Teig doppelt so groß ist.

3 Den Teig auf einer leicht bemehlten Arbeitsfläche etwa 1 cm dick ausrollen. Mit einem Donut-Ausstecher 12 Ringe ausstechen und jeweils auf ein Stück Backpapier setzen. Locker mit Klarsichtfolie abdecken und etwa 30 Minuten an einem warmem Ort ruhen lassen, bis der Teig etwas aufgegangen ist.

4 Zum Ausbacken das Öl in einem großen, tiefen Topf auf 170 °C erhitzen.

5 Die Donuts vorsichtig vom Backpapier ins heiße Öl gleiten lassen. Jeweils 3 Stück auf einmal ausbacken. Auf jeder Seite 30–60 Sekunden garen lassen, bis sie überall goldbraun sind. Mit einem Schaumlöffel aus dem Öl nehmen und auf Küchenpapier abtropfen lassen.

6 Für die Glasur den Puderzucker und das Wasser verrühren. Die Donuts in die Glasur tauchen und trocknen lassen.

Energie 264 kcal/1112 kJ; Protein 2,5 g; Kohlenhydrate 45,6 g – davon 32,2 g Zucker; Fett 9,2 g – davon 2,4 g gesättigt; Cholesterin 10 mg; Kalzium 32 mg; Ballaststoffe 0 g; Natrium 97 mg

Ring-Donuts

Hier ist ein Grundrezept für gebackene Donuts, die mit Zucker bestreut werden. Der Teig ist sehr vielseitig und ergibt perfekte Ring-Donuts, wenn er in einer Donut-Backform gebacken wird. Variieren Sie die Geschmacksrichtung durch Zugabe von gemahlenen Gewürzen wie Ingwer oder Zimt und verwenden Sie eine der Glasuren oder Toppings aus diesem Buch.

FÜR 12 STÜCK
100 g weiche Butter
150 g Streuzucker
1 TL Vanilleextrakt
2 Eier
275 g Weizenmehl (Type 405)
2 EL Backpulver
1 Prise Salz
150 ml Vollmilch

Außerdem
weiche Butter zum Einfetten
120 g Streuzucker zum Bestreuen

1 Den Backofen auf 180 °C vorheizen. Eine Donut-Backform mit 12 Vertiefungen oder 2 Donut-Backformen mit 6 Vertiefungen mit weicher Butter einstreichen.

2 Die weiche Butter, den Zucker und den Vanilleextrakt in eine Schüssel geben und verrühren, bis eine leichte und cremige Masse entsteht. Nach und nach die Eier unterrühren.

3 Das Mehl, das Backpulver und das Salz über die Masse sieben und einarbeiten. Die Milch hinzufügen und den Teig nur so lange kneten, bis sich alles verbindet.

4 Den Teig in einen Spritzbeutel mit runder Tülle füllen und gleichmäßig verteilt in die vorbereitete Backform spritzen. Durch das Einspritzen des Teigs in die Backform entstehen schönere Kreise. Sie können ihn jedoch auch mit einem Löffel in die Form füllen.

5 Die Backform auf die mittlere Schiebeleiste stellen und die Donuts 15 Minuten backen, bis sie goldbraun sind.

Aus dem Ofen nehmen und 5 Minuten ruhen lassen, dann aus der Form lösen.

6 Den Zucker zum Bestreuen auf einen Teller geben. Solange die Donuts noch warm sind, im Zucker wälzen, bis sie rundum damit bedeckt sind.

Energie 251 kcal/1055 kJ; Protein 4 g; Kohlenhydrate 41,5 g – davon 24 g Zucker; Fett 8,8 g – davon 5 g gesättigt; Cholesterin 58 mg; Kalzium 60 mg; Ballaststoffe 1 g; Natrium 72 mg

Donuts mit Marmeladenfüllung

Diese klassischen Donuts sind weich und locker und schmecken am besten, wenn sie noch warm gegessen werden, gleich nachdem sie mit Marmelade gefüllt und mit Zucker bestäubt wurden. Ich mag den einfachen traditionellen Geschmack dieser Donuts, aber als kleine Abwechslung können Sie den Zucker vor dem Bestäuben mit 1 TL Zimt oder anderen gemahlenen Gewürzen vermischen.

FÜR 12 STÜCK

225 g Weizenmehl (Type 550)
1 ½ TL Trockenhefe
1 EL Streuzucker
1 Prise Salz
65 g Butter, gewürfelt und gekühlt
1 Ei, verquirlt
120 ml lauwarme Vollmilch

Für die Füllung

4 EL Himbeermarmelade

Außerdem

etwas Mehl für die Arbeitsfläche
etwa 1 l Sonnenblumenöl zum
  Ausbacken
120 g Streuzucker zum Bestreuen

1 Das Mehl zusammen mit der Hefe, dem Zucker und dem Salz in eine Schüssel sieben. Die Butter mit den Fingerspitzen in die Mehlmischung einarbeiten. Das Ei und die Milch zugeben und die Masse kneten, bis sich alles verbindet.

2 Den Teig auf einer leicht bemehlten Arbeitsfläche ausbreiten und 10 Minuten kneten, bis er geschmeidig ist. Zu einer Kugel rollen und in eine saubere, leicht eingefettete Schüssel legen. Mit Klarsichtfolie abdecken und an einem warmen Ort etwa 1 Stunde ruhen lassen, bis der Teig doppelt so groß is.

3 Den Teig in 12 gleich große Stücke schneiden und zu glatten Kugeln formen. Jeweils eine Kugel auf ein Stück Backpapier legen. Locker mit Klarsichtfolie abdecken und etwa 30 Minuten an einem warmem Ort ruhen lassen, bis der Teig etwas aufgegangen ist.

4 Zum Ausbacken das Öl in einem großen, tiefen Topf auf 170 °C erhitzen.

5 Die Donuts vorsichtig vom Backpapier ins heiße Öl gleiten lassen. Jeweils 3 Stück auf einmal ausbacken. Auf jeder Seite 30–60 Sekunden garen lassen, bis sie überall goldbraun sind. Die Donuts mit einem Schaumlöffel aus dem Öl nehmen und auf Küchenpapier abtropfen lassen.

6 Solange die Donuts noch warm sind, den Griff eines Teelöffels seitlich in die Donuts stechen und mit Kreisbewegungen ein Loch für die Füllung schaffen.

7 Einen Spritzbeutel mit der Marmelade füllen und in jeden Donut eine kleine Menge hineinspritzen. Die Donuts von allen Seiten mit Zucker bestreuen, sodass sie vollständig davon bedeckt sind. Alternativ den Zucker auf einen Teller schütten und die Donuts im Zucker wälzen.

Energie 216 kcal/909 kJ; Protein 2,6 g; Kohlenhydrate 32,8 g – davon 19,7 g Zucker; Fett 9,2 g – davon 2,4 g gesättigt; Cholesterin 10 mg; Kalzium 35 mg; Ballaststoffe 0 g; Natrium 96 mg

Zitronen-Donuts

Diese herb-frischen Donuts werden mit Zitronenschale zubereitet und mit Zitronencreme gefüllt, was eine köstliche süß-säuerliche Kombination ergibt. Der nach Zitrone schmeckende Teig ist auch mit Marmelade gefüllt sehr lecker. Für dieses Rezept brauchen Sie nur eine Zitrone – verwenden Sie eine Hälfte der abgeriebenen Schale für den Teig und die andere Hälfte für den Überzug.

FÜR 12 STÜCK
225 g Weizenmehl (Type 550)
1 ½ TL Trockenhefe
1 EL Streuzucker
1 Prise Salz
abgeriebene Schale von ½ unbehandelten Zitrone
65 g Butter, gewürfelt und gekühlt
1 Ei, verquirlt
120 ml lauwarme Vollmilch

Für die Füllung
125 g fertige Zitronencreme
   („Lemon curd")

Außerdem
etwas Mehl für die Arbeitsfläche
etwa 1 l Sonnenblumenöl
   zum Ausbacken
120 g Streuzucker zum Bestreuen
fein abgeriebene Schale von
   ½ unbehandelten Zitrone

1 Das Mehl zusammen mit der Hefe, dem Zucker und dem Salz in eine Schüssel sieben. Die Zitronenschale und die Butter mit den Fingerspitzen in die Mehlmischung einarbeiten. Das Ei und die Milch zugeben und alles verkneten.

2 Den Teig auf einer leicht bemehlten Arbeitsfläche ausbreiten und 10 Minuten durchkneten, bis er geschmeidig ist.

3 Zu einer Kugel rollen und in eine saubere, leicht eingefettete Schüssel legen. Mit Klarsichtfolie abdecken und an einem warmen Ort etwa 1 Stunde ruhen lassen, bis der Teig doppelt so groß ist.

4 Den Teig in 12 gleichmäßige Stücke schneiden und zu glatten Kugeln formen. Jeweils eine Kugel auf ein Stück Backpapier legen, mit Klarsichtfolie abdecken und etwa 30 Minuten an einem warmem Ort ruhen lassen, bis der Teig etwas aufgegangen ist.

5 Das Öl in einem großen, tiefen Topf auf 170 °C erhitzen.

6 Die Donuts vorsichtig vom Backpapier ins heiße Öl gleiten lassen. Jeweils 3 Donuts auf einmal ausbacken, auf jeder Seite 30–60 Sekunden. Mit einem Schaumlöffel herausnehmen und auf Küchenpapier abtropfen lassen.

7 Mit dem Griff eines Teelöffels seitlich in die warmen Donuts einstechen und mit Kreisbewegungen Platz für die Füllung schaffen.

8 Die Zitronencreme mit einem Spritzbeutel einfüllen.

9 Den Streuzucker mit der Zitronenschale mischen und darin die Donuts wälzen.

Energie 232 kcal/978 kJ; Protein 2,6 g; Kohlenhydrate 35,6 g – davon 20,5 g Zucker; Fett 9,7 g – davon 2,5 g gesättigt; Cholesterin 12 mg; Kalzium 35 mg; Ballaststoffe 0 g; Natrium 102 mg

Apfel-Zimt-Donuts

Apfel und Zimt ist eine klassische Kombination, die sich in diesen Donuts wunderbar entfaltet. Hier werden ganze Apfelscheiben mit dem köstlichen Teig umhüllt. Verwenden Sie einen Gemüsehobel, um die Äpfel in dünne Ringe zu schneiden, dann sind sie dünn genug, um schnell zu garen.

1 Sechs 3 mm starke Ringe aus dem mittleren Teil der entkernten Äpfel schneiden. Die Ober- und Unterteile nicht verwenden, da die Ringe sonst zu klein sind.

2 Das Mehl zusammen mit der Hefe, dem Zucker und dem Salz in eine Schüssel sieben. Die Butter mit den Fingerspitzen in die Mehlmischung einarbeiten. Das Ei und die Milch zugeben und die Masse kneten, bis sich alles verbindet.

3 Den Teig auf einer leicht bemehlten Arbeitsfläche ausbreiten und 10 Minuten durchkneten, bis er geschmeidig ist. Zu einer Kugel rollen und in eine saubere, leicht eingefettete Schüssel legen. Mit Klarsichtfolie abdecken und an einem warmen Ort etwa 1 Stunde ruhen lassen, bis der Teig doppelt so groß ist.

restlichen 12 Teigringen belegen und die Ränder zusammendrücken, um die Apfelscheiben zu versiegeln. Locker mit Klarsichtfolie abdecken und etwa 30 Minuten an einem warmen Ort ruhen lassen, bis der Teig etwas aufgegangen ist.

FÜR 12 STÜCK

2 Äpfel, entkernt
225 g Weizenmehl (Type 550)
1 ½ TL Trockenhefe
1 EL Streuzucker
1 Prise Salz
65 g Butter, gewürfelt und gekühlt
1 Ei, verquirlt
120 ml lauwarme Vollmilch

Außerdem

etwas Mehl für die Arbeitsfläche
etwa 1 l Sonnenblumenöl
  zum Ausbacken
4 EL Puderzucker
½ TL gemahlener Zimt

4 Den Teig auf einer leicht mit Mehl bestäubten Arbeitsfläche etwa 5 mm dick ausrollen. Mit einem Donut-Ausstecher 24 Ringe ausstechen.

5 12 der Ringe auf Backpapierstücke legen und mit jeweils einer Apfelscheibe belegen. Mit den

6 Das Öl in einem großen, tiefen Topf auf 170 °C erhitzen. Die Donuts vorsichtig vom Backpapier ins heiße Öl gleiten lassen. Jeweils 3 Donuts auf einmal ausbacken, auf jeder Seite 30–60 Sekunden. Mit einem Schaumlöffel herausnehmen und auf Küchenpapier abtropfen lassen.

7 Den Puderzucker mit dem Zimt vermischen und die Donuts darin wenden.

Energie 191 kcal/801 kJ, Protein 2,6 g; Kohlenhydrate 26,1 g – davon 12,9 g Zucker; Fett 9,2 g – davon 2,4 g gesättigt; Cholesterin 10 mg; Kalzium 34 mg; Ballaststoffe 0,3 g; Natrium 95 mg

Gebackene Kaffee-Donuts

Eine samtig weiche Kaffeeglasur überzieht diese köstlichen, kuchenartigen Donuts. Sie eignen sich wunderbar als kleiner Snack am Vormittag zu einer Tasse Kaffee. Sollte etwas übrig bleiben, verwende ich die Reste gerne für selbstgemachtes Tiramisu.

FÜR 12 STÜCK

100 g weiche Butter
150 g Streuzucker
1 TL Vanilleextrakt
2 Eier
275 g Weizenmehl (Type 405)
2 TL Backpulver
1 EL löslicher Kaffee
1 Prise Salz
150 ml Vollmilch

Für die Glasur

300 g Puderzucker
2 TL löslicher Kaffee
50 ml Wasser

Außerdem

weiche Butter zum Einfetten

1 Den Backofen auf 180 °C vorheizen. Eine Donut-Backform mit 12 Vertiefungen mit weicher Butter einfetten.

2 Die Butter, den Streuzucker und den Vanilleextrakt in eine Schüssel geben und verrühren, bis eine leichte und cremige Masse entsteht. Nach und nach die Eier unterrühren.

3 Das Mehl, das Backpulver, den löslichen Kaffee und das Salz über die Masse sieben und einarbeiten. Die Milch hinzugeben und die Masse solange rühren, bis sich alles verbindet.

4 Den Teig in einen Spritzbeutel mit runder Tülle füllen und gleichmäßig verteilt in die vorbereitete Backform spritzen. Dadurch lassen sich leichter schöne Kreise erzeugen. Sie können den Teig jedoch auch mit dem Löffel einfüllen.

5 Die Backform auf die mittlere Schiebeleiste stellen und 15 Minuten backen, bis die Donuts goldbraun sind. Herausnehmen und 5 Minuten ruhen lassen, bevor Sie die Donuts aus der Form nehmen.

6 Für die Glasur den Puderzucker mit dem Kaffee und dem Wasser in einer kleinen Schüssel vermischen, bis eine glatte Paste entstanden ist. Die Glasur mit einem Löffel auf die Donuts geben, solange sie noch leicht warm sind.

Energie 311 kcal/1314 kJ; Protein 3,9 g; Kohlenhydrate 57,7 g – davon 40 g Zucker; Fett 8,8 g – davon 5 g gesättigt; Cholesterin 58 mg; Kalzium 58 mg; Ballaststoffe 1 g; Natrium 74 mg

Vanillepudding-Donuts

Die leckere Vanillepuddingfüllung macht diese Donuts zu einer himmlischen Köstlichkeit. Wenn Sie es eilig haben, können Sie auch fertigen Vanillepudding verwenden. Sollte etwas davon übrig bleiben, können Sie ihn als Soße dazureichen. Die Donuts kühl stellen, falls Sie sie nicht sofort servieren.

FÜR 12 STÜCK

225 g Weizenmehl (Type 550)
1 ½ TL Trockenhefe
1 EL Streuzucker
1 Prise Salz
65 g Butter, gewürfelt und gekühlt
1 Ei, verquirlt
120 ml lauwarme Vollmilch

Für die Vanillepuddingfüllung

250 ml Vollmilch
1 ½ EL Sahne
Mark einer Vanilleschote
2 Eidotter
1 ½ EL Streuzucker
1 TL Speisestärke

Außerdem

etwas Mehl für die Arbeitsfläche
etwa 1 l Sonnenblumenöl zum
   Ausbacken
120 g Streuzucker zum Bestreuen

1 Für den Vanillepudding die Milch, die Sahne und das Vanillemark in einen Topf geben und bei geringer Wärmezufuhr zum Köcheln bringen.

In einer Schüssel die Eidotter mit dem Zucker und der Speisestärke vermengen. Unter Rühren die heiße Milchmischung in die Eimischung gießen, alles wieder in den Topf geben und unter ständigem Rühren bei geringer Hitze andicken lassen. Vom Herd nehmen.

2 Den Vanillepudding in eine hitzebeständige Schüssel gießen, die Oberfläche mit Klarsichtfolie oder Backpapier abdecken, damit sich keine Haut bildet und ganz abkühlen lassen.

3 In der Zwischenzeit das Mehl sieben und zusammen mit der Hefe, dem Zucker und dem Salz in eine Schüssel geben. Die Butter mit den Fingerspitzen in die Mehlmischung einarbeiten. Das Ei und die Milch zugeben und die Masse kneten, bis sich alles verbindet.

4 Den Teig auf einer leicht bemehlten Arbeitsfläche ausbreiten und 10 Minuten durchkneten, bis er geschmeidig ist. Zu einer Kugel rollen und in eine saubere, leicht eingefettete Schüssel legen. Mit Klarsichtfolie abdecken und an einem warmen Ort etwa

1 Stunde ruhen lassen, bis der Teig doppelt so groß ist.

5 Den Teig in 12 gleichmäßige Stücke schneiden und zu glatten Kugeln formen. Jeweils eine Kugel auf ein Stück Backpapier legen. Locker mit Klarsichtfolie abdecken und etwa 30 Minuten an einem warmen Ort ruhen lassen, bis der Teig etwas aufgegangen ist.

6 Das Öl in einem großen, tiefen Topf auf 170 °C erhitzen. Die Donuts vorsichtig vom Backpapier ins heiße Öl gleiten lassen. Jeweils 3 Donuts auf einmal auf jeder Seite 30–60 Sekunden ausbacken, bis sie überall goldbraun sind. Mit einem Schaumlöffel herausnehmen und auf Küchenpapier abtropfen lassen.

7 Mit dem Griff eines Teelöffels seitlich in die Donuts stechen und mit Kreisbewegungen Platz für die Füllung schaffen.

8 Den Vanillepudding mit einem Spritzbeutel in die noch warmen Donuts spritzen und das Gebäck im Zucker wälzen.

Energie 239 kcal/1003 kJ, Protein 3,8 g; Kohlenhydrate 32,5 g – davon 9 g Zucker; Fett 11,3 g – davon 3,4 g gesättigt; Cholesterin 48 mg; Kalzium 65 mg; Ballaststoffe 0 g; Natrium 106 mg

Schoko-Fudge-Donuts

Diese Donuts sind besonders reichhaltig und süß. Der Teig enthält Kakaopulver und wird nach dem Ausbacken mit einer Glasur aus Zucker und Sirup überzogen. Die Fans von Schokoladenkuchen werden dieses sündhaft leckere Rezept lieben. Statt Hefeteig arbeiten wir hier mit einer Art Brandteig und das Ergebnis ist äußerst leicht und luftig.

FÜR 12 STÜCK
75 g Butter
250 ml Wasser
125 g Weizenmehl (Type 405)
50 g ungesüßtes Kakaopulver
1 Prise Salz
3 verquirlte Eier

Für die Glasur
300 g Puderzucker
1½ EL Wasser
1½ EL heller Maissirup

Außerdem
etwa 1 l Sonnenblumenöl zum
   Ausbacken

1 Die Butter und das Wasser in einen Topf geben und zum Kochen bringen. Das Mehl mit dem Kakaopulver und dem Salz dazusieben, dann vermischen, bis sich alles zu einer Kugel verbindet. Den Topf vom Herd nehmen und dann die Eier nacheinander einarbeiten, bis eine dickflüssige Masse entstanden ist.

2 Das Öl zum Ausbacken in einem großen, tiefen Topf auf 170 °C erhitzen. Eine sternförmige Tülle auf einen Spritzbeutel schrauben und diesen mit der Donut-Masse füllen. Die Paste ringförmig auf jeweils ein Stück Backpapier spritzen.

3 Die Donuts vorsichtig vom Backpapier ins heiße Öl gleiten lassen. Jeweils 3 Donuts zusammen ausbacken. (Falls die Paste am Papier haften bleibt, am besten den Donut mit dem Backpapier ins Öl gleiten lassen. Das Papier brennt nicht und kann

mit einer Zange oder einem Schaumlöffel entfernt werden, sobald es sich vom Donut ablöst.)

4 Die Donuts 1–2 Minuten ausbacken und einmal drehen, bis sie überall leicht gebräunt sind. Die Donuts mit einem Schaumlöffel aus dem Öl nehmen und auf Küchenpapier abtropfen lassen.

5 Für die Glasur den Puderzucker mit dem Wasser und dem Sirup in einer Schüssel glattrühren. Die Donuts in die Zuckerglasur tauchen, damit sie rundum überzogen sind, dann zum Abkühlen auf ein Kuchengitter legen.

Energie 283 kcal/1192 kJ; Protein 3,3 g; Kohlenhydrate 47,7 g – davon 33,9 g Zucker; Fett 10,1 g – davon 2,9 g gesättigt; Cholesterin 10 mg; Kalzium 37 mg; Ballaststoffe 0,7 g; Natrium 143 mg

Schoko-Honig-Donuts

Jeder Bissen in einen honigsüßen Donut verwöhnt Sie mit schokoladigem Genuss! Sie sind aus traditionellem Hefeteig hergestellt und mit einer sündhaft leckeren Schokoladenglasur überzogen, Schokoladenstreusel oder ungesüßtes Kakaopulver geben den Donuts optisch den letzten Schliff.

FÜR 12 STÜCK
225 g Weizenmehl (Type 550)
1½ TL Trockenhefe
1 EL Streuzucker
1 Prise Salz
65 g Butter, gewürfelt und gekühlt
1 Ei, verquirlt
120 ml lauwarme Vollmilch

Für die Glasur
100 g dunkle Zartbitterschokolade,
   in Stücke gebrochen
100 ml klarer Honig
50 g Butter

Außerdem
etwas Mehl für die Arbeitsfläche
etwa 1 l Sonnenblumenöl zum
   Ausbacken

1 Das Mehl zusammen mit der Hefe, dem Zucker und dem Salz in eine Schüssel sieben. Die Butter mit den Fingerspitzen in die Mehlmischung einarbeiten. Das Ei und die Milch zugeben und die Masse kneten, bis sich alles verbindet.

2 Den Teig auf einer leicht bemehlten Arbeitsfläche ausbreiten und 10 Minuten kneten, bis er geschmeidig ist. Zu einer Kugel rollen und in eine saubere, leicht eingefettete Schüssel legen. Mit Klarsichtfolie abdecken und an einem warmen Ort etwa 1 Stunde ruhen lassen, bis der Teig doppelt so groß ist.

3 Den Teig auf einer leicht mit Mehl bestäubten Arbeitsfläche 1 cm dick ausrollen. Mit einem Donut-Ausstecher 12 Ringe ausstechen und jeweils auf ein Stück Backpapier setzen. Locker mit Klarsichtfolie abdecken und etwa 30 Minuten an einen warmem Ort ruhen lassen, bis der Teig etwas aufgegangen ist.

4 Das Öl in einem großen, tiefen Topf auf 170 °C erhitzen.

5 Die Donuts vorsichtig vom Backpapier ins heiße Öl gleiten lassen. Auf jeder Seite 30–60 Sekunden ausbacken, bis sie überall goldbraun sind. Die Donuts mit einem Schaumlöffel aus dem Öl nehmen und auf Küchenpapier abtropfen lassen.

6 Für die Glasur die Schokolade, den Honig und die Butter in einem antihaftbeschichteten Topf bei schwacher Hitze zusammen schmelzen lassen, bis eine glatte und glänzende Masse entsteht. Den Topf vom Herd nehmen.

7 Die Schokoladenglasur mit einem Löffel auf die Donuts geben, solange sie noch etwas warm sind und an den Seiten herunterfließen lassen. Vor dem Servieren ruhen lassen.

Energie 263 kcal/1100 kJ; Protein 3 g; Kohlenhydrate 31 g – davon 17,9 g Zucker; Fett 14,9 g – davon 6 g gesättigt; Cholesterin 19 mg; Kalzium 35 mg; Ballaststoffe 0,3 g; Natrium 121 mg

Schokoladen-Donuts

Diese dunklen Donuts sind sündhaft lecker und durch und durch schokoladig. Eine unwiderstehlich süße sirupartige Schokoladenglasur überdeckt den mit Kakaopulver versetzten ausgebackenen Teig, dessen Oberfläche herrlich glänzt. Bereiten Sie diese Donuts zu, wenn Freunde zu Besuch kommen: Sie werden bestimmt ins Schwärmen geraten!

FÜR 12 STÜCK

225 g Weizenmehl (Type 405)
25 g ungesüßtes Kakaopulver
25 g Streuzucker
1 ½ TL Trockenhefe
1 Prise Salz
65 g Butter, gekühlt und gewürfelt
1 Ei
120 ml lauwarme Vollmilch

Für die Glasur

100 g dunkle Zartbitterschokolade,
 in Stücke gebrochen
100 ml Maissirup
50 g Butter

Außerdem

etwas Mehl für die Arbeitsfläche
etwa 1 l Sonnenblumenöl
 zum Ausbacken

1 Das Mehl zusammen mit dem Kakaopulver, dem Zucker, der Hefe und dem Salz in eine Schüssel sieben. Die Butter mit den Fingerspitzen in die Mehlmischung einarbeiten. Das Ei und die Milch zugeben und die Masse kneten, bis sich alles verbindet.

2 Den Teig auf einer leicht bemehlten Arbeitsfläche ausbreiten und 10 Minuten durchkneten, bis er geschmeidig ist. Zu einer Kugel rollen und in eine saubere, leicht eingefettete Schüssel legen. Mit Klarsichtfolie abdecken und an einem warmen Ort etwa 1 Stunde ruhen lassen, bis der Teig doppelt so groß ist.

3 Den Teig in 12 gleichmäßige Stücke schneiden, zu glatten Kugeln formen und jeweils eine auf ein Stück Backpapier setzen. Die Teigkugeln locker mit Klarsichtfolie abdecken und dann etwa 30 Minuten an einem warmem Ort ruhen lassen.

4 Das Öl in einem großen, tiefen Topf auf 170 °C erhitzen.

5 Die Donuts vorsichtig vom Backpapier ins heiße Öl gleiten lassen.

Jeweils 3 Donuts auf einmal auf jeder Seite 30–60 Sekunden ausbacken. Mit einem Schaumlöffel aus dem Öl nehmen und auf Küchenpapier abtropfen lassen.

6 Für die Schokoladenglasur die Schokolade, den Sirup und die Butter bei schwacher Hitze zusammen in einem antihaftbeschichteten Topf schmelzen lassen, bis eine glatte und glänzende Masse entsteht. Vom Herd nehmen. Die Glasur in eine Schüssel gießen und die Donuts darin eintauchen, solange sie noch etwas warm sind. Die Glasur fest werden lassen.

Energie 270 kcal/1131 kJ; Protein 3,4 g; Kohlenhydrate 31,5 g – davon 18,1 g Zucker; Fett 15,4 g – davon 6,2 g gesättigt; Cholesterin 19 mg; Kalzium 39 mg; Ballaststoffe 0,6 g; Natrium 162 mg

Milchkaramell-Donuts

Schokolade und Toffee sind seit jeher ideale Partner beim Backen. Diese köstlichen Donuts, bei denen ein reichhaltiger Schokoladenteig mit köstlichem Toffee gekrönt wird, bilden hier keine Ausnahme. In Supermärkten finden Sie *Dulce de leche* normalerweise neben den Kondensmilchdosen, Sie können stattdessen jedoch auch Fertigkaramell verwenden.

FÜR 12 STÜCK

225 g Weizenmehl (Type 405)
25 g ungesüßtes Kakaopulver
2 EL Streuzucker
1 ½ TL Trockenhefe
1 Prise Salz
65 g Butter, gewürfelt und gekühlt
1 Ei
120 ml lauwarme Vollmilch

Für den Belag

150 ml Dulce de Leche (siehe Tipp)

Außerdem

etwas Mehl für die Arbeitsfläche
etwa 1 l Sonnenblumenöl zum
 Ausbacken

1 Das Mehl zusammen mit dem Kakaopulver, dem Zucker, der Hefe und dem Salz in eine Schüssel sieben. Die Butter mit den Fingerspitzen in die Mehlmischung einarbeiten. Das Ei und die Milch zugeben und die Masse kneten, bis sich alles verbindet.

2 Den Teig auf einer leicht bemehlten Arbeitsfläche ausbreiten und 10 Minuten durchkneten, bis er geschmeidig ist. Zu einer Kugel rollen und in eine saubere, leicht eingefettete Schüssel legen. Mit Klarsichtfolie abdecken und an einem warmen Ort etwa 1 Stunde ruhen lassen, bis der Teig doppelt so groß ist.

3 Den Teig auf einer leicht bemehlten Arbeitsfläche etwa 1 cm dick ausrollen. Mit einem Donut-Ausstecher 12 Ringe ausstechen und jeweils auf

ein Stück Backpapier setzen. Locker mit Klarsichtfolie abdecken und etwa 30 Minuten an einem warmem Ort ruhen lassen, bis der Teig etwas aufgegangen ist.

4 Das Öl in einem großen, tiefen Topf auf 170 °C erhitzen. Die Donuts vorsichtig vom Backpapier ins heiße Öl gleiten lassen. Jeweils 3 auf einmal auf jeder Seite 30–60 Sekunden goldbraun ausbacken. Mit einem Schaumlöffel aus dem Öl nehmen und auf Küchenpapier abtropfen lassen.

5 Die Dulce de Leche auf den Donuts verteilen, solange sie noch etwas warm sind.

Tipp

Für die Zubereitung von Dulce de Leche eine noch geschlossene Dose Kondensmilch in einen Topf mit kochendem Wasser stellen und 30 Minuten kochen lassen. Hier ist große Sorgfalt geboten, da die Dose explodieren kann, falls sie nicht ständig mit Wasser bedeckt ist.

Energie 249 kcal/1044 kJ; Protein 4,6 g; Kohlenhydrate 33,2 g – davon 20,2 g Zucker; Fett 11,7 g – davon 4 g gesättigt; Cholesterin 19 mg; Kalzium 104 mg; Ballaststoffe 0 g; Natrium 129 mg

Donuts mit Karamellfüllung

Diese Donuts werden mit dickflüssigem Karamell gefüllt und können mit weiterem Karamell zum Dippen als Beilage serviert werden. Da sie sehr süß sind, brauchen sie nicht im Zucker gewälzt zu werden. Servieren Sie sie mit etwas Obst, wie z. B. Erdbeeren, um die Süße des Karamells aufzulockern und der Melange aus Aromen etwas Frische zu verleihen.

FÜR 12 STÜCK

225 g Weizenmehl (Type 550)
1 ½ TL Trockenhefe
1 EL Streuzucker
1 Prise Salz
65 g Butter, gewürfelt und gekühlt
1 Ei, verquirlt
120 ml lauwarme Vollmilch

Für die Füllung

150 ml Karamellsoße

Außerdem

etwas Mehl für die Arbeitsfläche
etwa 1 l Sonnenblumenöl zum
   Ausbacken
eine Handvoll Erdbeeren zum
   Servieren

Tipp

Fertige Karamellsoße ist gegen-
über der selbstgemachten zu
bevorzugen, da sie bei Zimmertemperatur weich bleibt.

1 Das Mehl zusammen mit der Hefe, dem Zucker und dem Salz in eine Schüssel sieben. Die Butter mit den Fingerspitzen in die Mehlmischung einarbeiten. Das Ei und die Milch zugeben und die Masse kneten, bis sich alles verbindet.

2 Den Teig auf einer leicht bemehlten Arbeitsfläche ausbreiten und 10 Minuten durchkneten, bis er geschmeidig ist. Zu einer Kugel rollen und in eine Schüssel legen, mit Klarsichtfolie abdecken und an einem warmen Ort etwa 1 Stunde ruhen lassen, bis der Teig doppelt so groß.

3 Den Teig in 12 gleichmäßige Stücke schneiden und zu glatten Kugeln formen. Jeweils eine Kugel auf ein Stück Backpapier legen. Locker mit Klarsichtfolie abdecken und etwa 30 Minuten an einem warmen Ort ruhen lassen, bis der Teig etwas aufgegangen ist.

4 Das Öl in einem großen, tiefen Topf auf 170 °C erhitzen.

5 Die Donuts vorsichtig vom Backpapier ins heiße Öl gleiten lassen.

Jeweils 3 auf einmal auf jeder Seite 30–60 Sekunden goldbraun ausbacken. Mit einem Schaumlöffel die Donuts aus dem Öl nehmen und auf Küchenpapier abtropfen lassen.

6 Den Griff eines Teelöffels seitlich in die Donuts stechen und mit Kreisbewegungen Platz für die Füllung schaffen. Die Karamellsoße mit einem Spritzbeutel in die Donuts füllen, solange sie noch etwas warm sind. Mit Erdbeeren und dem restlichen Karamell servieren.

Energie 220 kcal/923 kJ; Proteine 2,9 g; Kohlenhydrate 29,4 g – davon 16,3 g Zucker; Fett 10,9 g – davon 3,5 g gesättigt; Cholesterin 15 mg; Kalzium 46 mg; Ballaststoffe 0 g, Natrium 112 mg

Toffee-Donuts

Herbstliche Toffee-Äpfel waren meine Inspiration für diese mit Toffee glasierten Donuts. Eine knusprige Toffeeschicht umhüllt weiche kuchenartige Donuts und verleiht ihnen eine herrliche Konsistenz. Seien Sie sehr vorsichtig im Umgang mit heißem Toffee und halten Sie für Notfälle eine Schüssel Eiswasser bereit.

FÜR 12 STÜCK

100 g weiche Butter
150 g Streuzucker
1 TL Vanilleextrakt
2 Eier
275 g Weizenmehl (Type 405)
2 TL Backpulver
1 Prise Salz
150 ml Vollmilch

Für die Toffee-Glasur

100 g Streuzucker
50 ml Wasser
1 EL Maissirup

Außerdem

weiche Butter zum Einfetten

1 Den Backofen auf 180 °C vorheizen. Eine Donut-Backform mit 12 Vertiefungen mit weicher Butter einfetten.

2 Die Butter, den Zucker und den Vanilleextrakt in eine Schüssel geben und verrühren, bis eine leichte und cremige Masse entsteht. Nach und nach die Eier unterrühren.

3 Das Mehl, das Backpulver und das Salz zu der Masse geben und einarbeiten. Die Milch hinzufügen und die Masse nur so lange mit einem Spatel vermischen, bis sich alles verbindet.

4 Den Teig in einen Spritzbeutel mit runder Tülle füllen und gleichmäßig in die Vertiefungen der vorbereiteten Backform spritzen. Sie können den Teig jedoch auch mit einem Löffel einfüllen.

5 Auf der mittleren Schiebeleiste 15 Minuten backen, bis die Donuts goldbraun sind. Herausnehmen und 5 Minuten ruhen lassen, bevor Sie die Donuts aus der Form lösen.

6 Unterdessen die Toffee-Glasur zubereiten. Den Zucker und das Wasser in einem schweren Topf erhitzen, bis sich der Zucker auflöst, dann den Sirup zugeben und sprudelnd kochen lassen. Unter Rühren 5 Minuten bei mittlerer Hitze kochen lassen, bis die Toffee-Glasur sich verhärtet, wenn sie auf einem Teelöffel in kaltes Wasser getaucht wird. Den Topf vom Herd nehmen.

7 Die Toffee-Glasur über die Donuts träufeln, solange sie noch warm sind, dann fest werden lassen.

Energie 171 kcal/718 kJ; Protein 1,8 g; Kohlenhydrate 23,4 g – davon 23,4 g Zucker; Fett 8,5 g – davon 5 g gesättigt; Cholesterin 58 mg; Kalzium 28 mg; Ballaststoffe 0 g; Natrium 74 mg

Salzige Karamell-Donuts

Die Meersalzflocken auf diesen Karamell-Donuts erzeugen ein leises Knuspern und nehmen dem Gebäck etwas von der Süße. Verwenden Sie am besten natriumarme Salzflocken, die in gut sortierten Supermärkten erhältlich sind.

FÜR 12 STÜCK
225 g Weizenmehl (Type 550)
1 ½ TL Trockenhefe
1 EL Streuzucker
1 Prise Salz
65 g Butter, gewürfelt und gekühlt
1 Ei, verquirlt
120 ml lauwarme Vollmilch

Für die Füllung
4–5 EL Dulce de Leche

Für den Belag
100 ml Dulce de Leche
15 g Meersalzflocken

Außerdem
etwas Mehl für die Arbeitsfläche
etwa 1 l Sonnenblumenöl zum
  Ausbacken

1 Das Mehl zusammen mit der Hefe, dem Zucker und dem Salz in eine Schüssel sieben. Die Butter mit den Fingerspitzen in die Mehlmischung einarbeiten. Das Ei und die Milch zugeben und die Masse kneten, bis sich alles verbindet.

2 Den Teig auf einer leicht bemehlten Arbeitsfläche ausbreiten und 10 Minuten durchkneten, bis er geschmeidig ist. Zu einer Kugel rollen und in eine Schüssel legen, mit Klarsichtfolie abdecken und an einem warmen Ort etwa 1 Stunde ruhen lassen, bis er doppelt so groß ist.

3 Den Teig in 12 gleichmäßige Stücke schneiden, zu glatten Kugeln formen und jeweils eine auf ein Stück Backpapier setzen. Locker mit Klarsichtfolie abdecken und etwa 30 Minuten an einem warmen Ort ruhen lassen, bis der Teig etwas aufgegangen ist.

4 Das Öl in einem großen, tiefen Topf auf 170 °C erhitzen.

5 Die Donuts vorsichtig vom Backpapier ins heiße Öl gleiten lassen. Jeweils 3 Donuts auf einmal 30–60 Sekunden auf jeder Seite goldbraun ausbacken. Mit einem Schaumlöffel aus dem Öl nehmen und auf Küchenpapier abtropfen lassen.

6 Mit dem Griff eines Teelöffels seitlich in die noch warmen Donuts stechen und mit Kreisbewegungen Platz für die Füllung schaffen.

7 Für die Füllung das Dulce de Leche in einen Spritzbeutel geben und in jeden Donut eine kleine Menge hineindrücken. Für den Belag mit einer Palette oder einem Metallspatel etwas Dulce de Leche oben auf die Donuts streichen und dann mit einigen Meersalzflocken bestreuen.

Energie 262 kcal/1102 kJ; Protein 5 g; Kohlenhydrate 35,5 g – davon 22,5 g Zucker; Fett 12,1 g – davon 4,2 g gesättigte Fettsäuren; Cholesterin 20 mg; Kalzium 116 mg; Ballaststoffe 0 g, Natrium 463 mg

Glasierte Donuts ohne Ei

Falls Sie auf Eier verzichten wollen, sind diese schmackhaften Donuts die ideale Lösung. Mit der gehaltvollen Zuckerglasur und den bunten Streuseln garniert ist dieses Gebäck auch ohne Ei sehr lecker. Natürlich können Sie das Rezept auch mit jeder beliebigen Garnitur oder Füllung aus diesem Buch kombinieren.

FÜR 12 STÜCK

225 g Weizenmehl (Type 550)
1 ½ TL Trockenhefe
1 EL Streuzucker
1 Prise Salz
65 g Butter, gewürfelt und gekühlt
120 ml lauwarme Vollmilch

Für die Glasur

300 g Puderzucker
1 ½ EL Wasser
2 EL Butter, geschmolzen
4 EL bunte Streusel

Außerdem

etwas Mehl für die Arbeitsfläche
etwa 1 l Sonnenblumenöl zum
 Ausbacken

2 Den Teig auf einer leicht bemehlten Arbeitsfläche ausbreiten und 10 Minuten durchkneten, bis er geschmeidig ist. Zu einer Kugel rollen und in eine Schüssel legen, mit Klarsichtfolie abdecken und an einem warmen Ort etwa 1 Stunde ruhen lassen, bis der Teig doppelt so groß ist.

3 Den Teig auf einer leicht bemehlten Arbeitsfläche etwa 1 cm dick ausrollen. Mit einem Donut-Ausstecher 12 Ringe ausstechen und jeden jeweils auf ein Stück Backpapier setzen. Locker mit Klarsichtfolie abdecken und etwa 30 Minuten an einem warmen Ort ruhen lassen, bis der Teig etwas aufgegangen ist.

1 Das Mehl zusammen mit der Hefe, dem Zucker und dem Salz in eine Schüssel sieben. Die Butter mit den Fingerspitzen in die Mehlmischung einarbeiten. Die Milch zugeben und die Masse kneten, bis sich alles verbindet.

4 Das Öl in einem großen, tiefen Topf auf 170 °C erhitzen.

5 Die Donuts vorsichtig vom Backpapier ins heiße Öl gleiten lassen. Jeweils 3 Donuts auf einmal 30–60 Sekunden auf jeder Seite goldbraun ausbacken. Mit einem Schaumlöffel aus dem Öl nehmen und auf Küchenpapier abtropfen lassen.

6 Für die Glasur den Puderzucker mit dem Wasser und der Butter vermischen, dann mit einem Löffel über die Donuts verteilen, solange sie noch etwas warm sind. Mit den Streuseln großzügig bestreuen und vor dem Servieren fest werden lassen.

Energie 301 kcal/1267 kJ; Protein 0,6 g; Kohlenhydrate 50,3 g – davon 35,1 g Fett 11,3 g – davon 3,7 g gesättigte Fettsäuren; Cholesterin 14 mg; Kalzium 33 mg; Ballaststoffe 0,1 g, Natrium 114 mg

Glutenfreie Donuts

Für alle Leckermäuler, die kein Gluten vertragen. Auch wenn ich selbst keine Glutenunverträglichkeit habe, liebe ich diese Donuts trotzdem. Ich habe sie mit Schokolade garniert, Sie können jedoch stattdessen jeden beliebigen Belag oder jede Glasur aus diesem Buch verwenden oder die Donuts einfach in Zucker wälzen.

FÜR 12 STÜCK
100 g weiche Butter
150 g Streuzucker
1 TL Vanilleextrakt
2 Eier
300 g glutenfreies Mehl
1 TL Xanthanpulver
2 TL glutenfreies Backpulver
1 Prise Salz
150 ml Vollmilch

Für die Glasur
100 g dunkle Zartbitterschokolade,
    in Stücke gebrochen
100 ml Maissirup
50 g Butter

Außerdem
weiche Butter zum Einfetten

1 Den Ofen auf 180 °C vorheizen. Eine Donut-Backform mit 12 Mulden mit weicher Butter einfetten.

2 Die weiche Butter, den Zucker und den Vanilleextrakt in eine Schüssel geben und verrühren, bis eine leichte und cremige Masse entsteht. Nach und nach die Eier unterrühren.

3 Das Mehl, das Xanthanpulver, das Backpulver und das Salz zu der Masse geben und einarbeiten. Die Milch zugeben und die Masse nur so lange kneten, bis sich alles verbindet.

4 Den Teig in einen Spritzbeutel mit einer runden Tülle füllen und gleichmäßig auf die Mulden der vorbereiteten Backform verteilen. Dadurch lassen sich leichter schöne Kreise erzeugen. Sie können den Teig jedoch auch mit dem Löffel in die Form geben.

5 Die Backform auf die mittlere Schiebeleiste des Backofens stellen und 15 Minuten backen, bis die Donuts goldbraun sind. Aus dem Ofen nehmen und 5 Minuten ruhen lassen, bevor Sie die Donuts aus der Form nehmen.

6 In der Zwischenzeit für die Schokoladenglasur die Schokolade, den Sirup und die Butter bei schwacher Hitze unter Rühren in einem antihaftbeschichteten Topf schmelzen lassen, bis eine glatte und glänzende Masse entsteht.

7 Die Glasur mit einem Löffel auf den Donuts verteilen, solange sie noch etwas warm sind, sodass die Glasur an den Seiten herunterläuft. Auf einen Backrost legen und die Glasur festwerden lassen.

Tipp
Das Xanthanpulver dient als Bindemittel. Sie können es auch durch Guarkern- oder Johannisbrotkernmehl ersetzen.

Energie 346 kcal/1456 kJ; Protein 5,4 g; Kohlenhydrate 51,4 g – davon 26 g Zucker; Fett 14,6 g – davon 8,6 g gesättigte Fettsäuren; Cholesterin 67 mg; Kalzium 90 mg; Ballaststoffe 1,6 g; Natrium 267 mg

Vollkorn-Donuts

Diese gehaltvollen Donuts sind eine gute Alternative zu den herkömmlichen. Das Vollkornmehl verleiht den Donuts eine reizvolle Textur und macht sie gesünder. Dazu passt ein Belag aus knusprigem braunem Zucker, Sie können jedoch stattdessen auch weißen Zucker verwenden.

1 Das Mehl zusammen mit der Hefe, dem Zucker und dem Salz in eine Schüssel sieben. Die Butter mit den Fingerspitzen in die Mehlmischung einarbeiten. Das Ei und die Milch zugeben und die Masse kneten, bis sich alles verbindet.

2 Den Teig auf einer leicht bemehlten Arbeitsfläche ausbreiten und 10 Minuten durchkneten, bis er geschmeidig ist. Zu einer Kugel rollen und in eine saubere, leicht eingefettete Schüssel legen. Mit Klarsichtfolie abdecken und an einem warmen Ort etwa 1 Stunde ruhen lassen, bis er doppelt so groß ist.

FÜR 12 STÜCK
225 g Vollkornmehl
1½ TL Trockenhefe
1 EL Streuzucker
1 Prise Salz
65 g Butter, gewürfelt und gekühlt
1 Ei, verquirlt
120 ml lauwarme Vollmilch

Außerdem
etwas Mehl für die Arbeitsfläche
etwa 1 l Sonnenblumenöl
 zum Ausbacken
120 g Rohrzucker zum Bestreuen

3 Den Teig auf einer leicht bemehlten Arbeitsfläche etwa 1 cm dick ausrollen. Mit einem Donut-Ausstecher

12 Ringe ausstechen und jeweils auf ein Stück Backpapier setzen. Locker mit Klarsichtfolie abdecken und etwa 30 Minuten an einem warmen Ort ruhen lassen, bis der Teig etwas aufgegangen ist.

4 Das Öl in einem großen, tiefen Topf auf 170 °C erhitzen.

5 Die Donuts vorsichtig vom Backpapier ins heiße Öl gleiten lassen. Jeweils 3 Donuts auf einmal auf jeder Seite 30–60 Sekunden goldbraun ausbacken. Mit einem Schaumlöffel aus dem Öl nehmen und auf Küchenpapier abtropfen lassen.

6 Den Rohrzucker auf einen Teller schütten und die Donuts darin wälzen, solange sie noch etwas warm sind, sodass sie ganz damit bedeckt sind.

Variation
Probieren Sie diese Donuts ohne Zuckerschicht: Halbieren Sie sie und bestreichen Sie sie ähnlich wie einen Bagel mit fettreduziertem Frischkäse.

Energie 203 kcal/853 kJ; Protein 2,6 g; Kohlenhydrate 29,4 g, davon 16,3 g Zucker; Fett 9,2 g, davon 2,4 g gesättigte Fettsäuren; Cholesterin 10 mg; Kalzium 34 mg; Ballaststoffe 3,5 g; Natrium 95 mg

Donut-Spießchen

Dieses Gebäck wurde ursprünglich aus den Teigstückchen hergestellt, die nach dem Ausstechen der Donut-Ringe übrigblieben. Auf Holzstäbchen aufgespießt können sie als Mini-Donut-Pops serviert werden! Drei Mini-Donuts pro Stäbchen sind eine gute Portionsgröße.

FÜR 12 STÜCK

225 g Weizenmehl (Type 550)
1 ½ TL Trockenhefe
1 EL Streuzucker
1 Prise Salz
65 g Butter, gewürfelt und gekühlt
1 Ei, verquirlt
120 ml lauwarme Vollmilch

Außerdem

etwas Mehl für die Arbeitsfläche
etwa 1 l Sonnenblumenöl zum Ausbacken
120 g Streuzucker zum Bestreuen

1 Das Mehl zusammen mit der Hefe, dem Zucker und dem Salz in eine Schüssel sieben. Die Butter mit den Fingerspitzen in die Mehlmischung einarbeiten. Das Ei und die Milch zugeben und die Masse kneten, bis sich alles verbindet.

2 Den Teig auf einer leicht bemehlten Arbeitsfläche ausbreiten und 10 Minuten durchkneten, bis er geschmeidig ist. Zu einer Kugel rollen und in eine saubere, leicht eingefettete Schüssel legen. Mit Klarsichtfolie abdecken und an einem warmen Ort etwa 1 Stunde ruhen lassen, bis der Teig doppelt so groß ist.

3 Den Teig in 36 gleichmäßige Stücke schneiden und zu glatten Kugeln formen. Die Kugeln auf das Backpapier legen. Locker mit Klarsichtfolie abdecken und etwa 30 Minuten an einem warmen Ort ruhen lassen, bis der Teig etwas aufgegangen ist.

4 Das Öl in einem großen, tiefen Topf auf 170 °C erhitzen.

5 Die Donuts vorsichtig vom Backpapier ins heiße Öl gleiten lassen. Jeweils 6–8 Stück auf einmal auf jeder Seite 30–60 Sekunden goldbraun ausbacken. Mit einem Schaumlöffel aus dem Öl nehmen und auf Küchenpapier abtropfen lassen.

6 Jeweils 3 Mini-Donuts auf ein Holzstäbchen aufspießen, mit den restlichen Mini-Donuts ebenso verfahren.

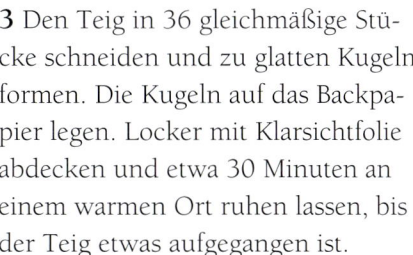

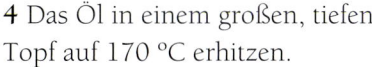

Die Pops, solange sie noch etwas warm sind, mit Zucker bestreuen, sodass sie ganz davon bedeckt sind. Alternativ die Mini-Donuts einzeln mit Zucker bestreuen und servieren.

Energie 203 kcal/853 kJ; Protein 2,6 g; Kohlenhydrate 29,4 g, davon 16,3 g Zucker; Fett 9,2 g, davon 2,4 g gesättigte Fettsäuren; Cholesterin 10 mg; Kalzium 34 mg; Ballaststoffe 0 g; Natrium 95 mg

Croquembouche aus Mini-Donuts

Von dieser Mini-Donut-Croquembouche werden Ihre Gäste begeistert sein! Seien Sie mit dem heißen Karamell sehr vorsichtig, da es schlimme Verbrennungen verursachen kann.

FÜR 24 PERSONEN
450 g Weizenmehl (Type 550)
1 EL Trockenhefe
4 EL Streuzucker
½ TL Salz
125 g Butter, gewürfelt und gekühlt
2 Eier, verquirlt
225 ml lauwarme Vollmilch

Für das Karamell
300 g Streuzucker
200 ml Wasser
50 ml Glukosesirup

Außerdem
etwas Mehl für die Arbeitsfläche
etwa 1 l Sonnenblumenöl zum
    Ausbacken
weiße und rosa Zuckerblumen
    zum Dekorieren

1 Das Mehl zusammen mit der Hefe, dem Streuzucker und dem Salz in eine Schüssel sieben. Die Butter mit den Fingerspitzen in die Mehlmischung einarbeiten. Das Ei und die Milch zugeben und die Masse kneten, bis sich alles verbindet.

2 Den Teig auf einer leicht bemehlten Arbeitsfläche ausbreiten und 10 Minuten durchkneten. Zu einer Kugel rollen und in eine Schüssel legen, mit Klarsichtfolie abdecken und an einem warmen Ort etwa 1 Stunde ruhen lassen, bis der Teig doppelt so goß ist.

3 Den Teig in 72 gleichmäßige Stücke schneiden und zu glatten Kugeln formen. Die Kugeln auf das Backpapier legen. Locker mit Klarsichtfolie abdecken und etwa 30 Minuten an einem warmem Ort ruhen lassen, bis der Teig etwas aufgegangen ist.

4 Das Öl in einem großen, tiefen Topf auf 170 °C erhitzen. Die Donuts vorsichtig vom Backpapier ins heiße Öl gleiten lassen. Jeweils 6–9 Donuts auf einmal auf jeder Seite 30–60 Sekunden goldbraun ausbacken. Mit einem Schaumlöffel aus dem Öl nehmen und auf Küchenpapier abtropfen lassen.

5 Ein Eiswasserbad vorbereiten. Für das Karamell den Zucker, das Wasser und den Glukosesirup in einen Topf geben und ohne Umrühren bei mittlerer Hitze sprudelnd kochen lassen. Die Mischung weiterkochen lassen, bis sie auf einem Zuckerthermometer

135 °C erreicht, dann vom Herd nehmen und die Unterseite des Topfes in das Eiswasserbad tauchen, um das Karamellisieren zu stoppen.

6 Einen Donut von einer Seite in das Karamell tauchen und mit der Karamellseite nach unten auf einen Servierteller setzen. Den Vorgang mit weiteren Mini-Donuts wiederholen, bis ein kompletter Kreis entsteht. So fortfahren und eine weitere Schicht aufbauen, jedoch etwas kleiner als die erste. Auf gleiche Weise weitere Donuts aufschichten, bis eine Pyramide entstanden ist. Beginnt das Karamell zu erstarren, den Topf kurz erneut erhitzen, um das Karamell wieder zu schmelzen.

7 Aus dem restlichen Karamell Zuckerfäden herstellen. Ein hölzernes Nudelholz über die Kante einer Arbeitsfläche ragen lassen und den Fußboden darunter mit Backpapier abdecken. Einen Löffel in das heiße Karamell tauchen und in dünnem Strahl über das Nudelholz geben. Dabei entstehen lange Fasern zwischen Nudelholz und Fußboden. Die Karamellfäden behutsam vom Nudelholz abnehmen und um die Pyramide wickeln, dann mit Zuckerblumen verzieren.

Energie 207 kcal/871 kJ; Protein 2,4 g; Kohlenhydrate 32,5 g, davon 19,6 g Zucker; Fett 8,4 g, davon 2,2 g gesättigte Fettsäuren; Cholesterin 9 mg; Kalzium 32 mg; Ballaststoffe 0 g; Natrium 90 mg

DONUTS
aus der ganzen Welt

Es gibt fast so viele Donut-Varianten wie es Länder gibt und darunter sind einige historische Rezepte, die von Generation zu Generation weitergegeben worden sind. Traditionell werden Donuts bei Festen und Feiern auf der ganzen Welt serviert – sie zeigen, wie kulinarische und kulturelle Traditionen Familien und Gemeinschaften vereinen.

Yum Yums

Diese klassischen Teigspiralen aus Amerika werden vor dem Formen und Ausbacken mit geschmolzener Butter bestrichen, was sie besonders knusprig und schmackhaft macht. Sie sind sehr kalorienreich, aber vom Feinsten. Die Glasur kann mit der fein abgeriebenen Schale von Zitrusfrüchten oder einem Schuss Rosenwasser verfeinert werden.

FÜR 12 STÜCK
300 g Weizenmehl (Type 405)
1 ½ TL Trockenhefe
1 Prise Salz
2 EL Streuzucker
65 g Butter, gewürfelt und gekühlt
1 Ei, verquirlt
150 ml Vollmilch
65 g weiche Butter

Für die Glasur
300 g Puderzucker
50 ml Wasser

Außerdem
etwas Mehl für die Arbeitsfläche
etwa 1 l Sonnenblumenöl zum Ausbacken

1 Das Mehl zusammen mit der Hefe, dem Salz und dem Zucker in eine Schüssel sieben. Die gekühlte Butter einarbeiten, bis eine leicht krümelige Masse entsteht.

2 Das Ei und die Milch zugeben, 10 Minuten kneten und zu einer Kugel formen. In eine eingefettete Schüssel legen, mit Klarsichtfolie abdecken und bei Zimmertemperatur 1 Stunde ruhen lassen, bis sich die Größe verdoppelt hat.

3 Den Teig auf einer leicht bemehlten Arbeitsfläche etwa 1 cm dick zu einem 20 x 40 cm großen Rechteck ausrollen. Mit weicher Butter bestreichen.

4 Die kurzen Enden des Teigs zur Mitte hin falten. Den Teig nochmals zusammenklappen und mit Klarsichtfolie bedeckt bei Zimmertemperatur 15 Minuten ruhen lassen.

5 Den Teig dann zu einem 20 x 40 cm großen Rechteck ausrollen, nochmals mit weicher Butter bestreichen und erneut wie oben beschrieben falten. Wieder zu einem 20 x 40 cm großen Rechteck ausrollen.

6 Mit einem scharfen Messer den Teig quer in 12 gleichmäßige Streifen schneiden. Die Streifen jeweils längs einschneiden und die Enden dabei intakt lassen. Die Streifen zu Spiralen drehen und die Enden zusammendrücken. Die Spiralen jeweils auf ein Stück Backpapier legen.

7 Das Öl in einem großen, tiefen Topf auf 170 °C erhitzen.

8 Die Spiralen vorsichtig vom Backpapier ins heiße Öl gleiten lassen. Jeweils 3 Spiralen auf einmal auf jeder Seite 30–60 Sekunden goldbraun ausbacken. Mit einem Schaumlöffel aus dem Öl nehmen und auf Küchenpapier abtropfen lassen.

9 Für die Glasur den Puderzucker und das Wasser in einer kleinen Schüssel glattrühren. Die Oberseite der Spiralen mit der Glasur bestreichen, solange sie noch etwas warm sind. Vor dem Servieren auf einem Backrost fest werden lassen.

Energie 326 kcal/1372 kJ; Protein 3,4 g; Kohlenhydrate 52,9 g – davon Zucker 34,6 g; Fett 12,6 g – davon 3,3 g gesättigt; Cholesterin 14 mg; Kalzium 43 mg; Ballaststoffe 0 g; Natrium 133 mg

Apfel-Beignets

Bei Kindern sind Apfel-Beignets besonders beliebt. Der Teig wird mit frisch geriebenen Äpfeln vermischt und dann in heißem Öl ausgebacken. Mit Vanillepudding serviert sind die Apfel-Beignets ein unwiderstehlicher Genuss.

3 Das Wasser, den Honig und das Ei zugeben und alles gut vermengen.

4 Die geraspelten Äpfel sowie die Muskatnuss zum Teig geben und umrühren, bis sich alles gut vermengt hat.

5 Das Öl in einer großen Bratpfanne erhitzen. Etwa 2 EL Teig pro Beignet ins heiße Öl geben und auf jeder Seite 30–60 Sekunden goldbraun ausbacken. Jeweils 3 Beignets auf einmal backen.

FÜR 12 STÜCK

2 Äpfel, geschält und entkernt
140 g Weizenmehl (Type 550)
140 g Weizenvollkornmehl
1 TL Backpulver
1 Prise Salz
275 ml lauwarmes Wasser
1 EL klarer Honig
1 Ei
½ TL gemahlene Muskatnuss

Außerdem
etwas Mehl für die Arbeitsfläche
etwa 2 EL Sonnenblumenöl zum
   Ausbacken
heller Sirup zum Servieren

1 Die Äpfel grob raspeln und mithilfe von etwas Küchenpapier die Flüssigkeit herausdrücken. Auf Küchenpapier legen und beiseitestellen, während Sie schnell den Teig zubereiten. Die Äpfel dürfen nicht lange stehen, da sie sonst braun werden.

2 Die beiden Mehlsorten zusammen mit dem Backpulver und dem Salz in eine große Rührschüssel sieben.

6 Die fertigen Beignets mit einem Schaumlöffel aus dem Öl nehmen und auf Küchenpapier abtropfen lassen. Warmhalten, während Sie die restlichen Stückchen ausbacken.

7 Die Beignets warm und mit goldenem Sirup übergossen servieren.

Energie 113 kcal/478 kJ; Protein 3,3 g; Kohlenhydrate 20 g – davon 3,3 g Zucker; Fett 2,8 g – davon 0,4 g gesättigte Fettsäuren; Cholesterin 19 mg; Kalzium 35 mg; Ballaststoffe 1,9 g; Natrium 8 mg

Churros mit Schokoladen-Dip

Diese aus Spanien stammende Köstlichkeit ist auf der ganzen Welt populär und bei Kindern und Erwachsenen gleichermaßen beliebt. Mit heißer Schokoladensoße zum Eintauchen serviert, können Churros mit verschiedenen aromatisierten Zuckersorten bestreut werden. Hier habe ich mich für die traditionelle Variante mit Zimt entschieden, Sie können stattdessen jedoch auch andere Gewürze verwenden.

FÜR 24 STÜCK

75 g Butter
250 ml Wasser
140 g Weizenmehl (Type 405)
1 Prise Salz
3 Eier, verquirlt

Für die Schokoladensoße

100 g dunkle Zartbitterschokolade,
    in Stücke gebrochen
100 ml heller Maissirup
50 g Butter

Außerdem

etwa 1 l Sonnenblumenöl zum
    Ausbacken
6 EL Streuzucker
1 TL gemahlener Zimt

Variation
Für eine Schokoladen-Orangen-
soße einfach fein abgeriebene
Orangenschale zugeben.

1 Zuerst die Schokoladensoße zubereiten. Dafür die Schokolade, den Sirup und die Butter bei mittlerer Hitze in einem antihaftbeschichteten Topf schmelzen lassen, bis eine glatte und glänzende Masse entsteht. Vom Herd nehmen und beiseitestellen, während Sie die Churros zubereiten. Gelegentlich durchrühren.

2 Für den Teig die Butter und das Wasser in einen Topf geben und zum Kochen bringen. Das Mehl dazusieben, das Salz zugeben und mischen, bis sich alles zu einer Kugel verbindet. Den Topf vom Herd nehmen und nach und nach die Eier einrühren.

3 Das Öl in einem großen, tiefen Topf auf 170 °C erhitzen. Eine sternförmige Tülle auf einen Spritzbeutel schrauben und diesen mit der Masse füllen. 10–15 cm lange Stäbchen in das heiße Öl spritzen und jeweils 3 gleichzeitig 1–2 Minuten goldbraun ausbacken. Dabei einmal wenden.

Mit einem Schaumlöffel aus dem Öl nehmen und auf Küchenpapier abtropfen lassen.

4 Den Zucker mit dem Zimt mischen und die Churros damit bestreuen, solange sie noch etwas warm sind. Mit der Schokoladensoße servieren.

Energie 130 kcal/547 kJ; Protein 1,3 g; Kohlenhydrate 17,6 g – davon 12,4 g Zucker; Fett 6,6 g – davon 2,7 g gesättigte Fettsäuren; Cholesterin 9 mg; Kalzium 16 mg; Ballaststoffe 0,1 g; Natrium 62 mg

Spritzkuchen

Französische Spritzkuchen ähneln den Churros, sie werden jedoch ringförmig gespritzt und mit einer köstlichen Honigglasur überzogen. Verwenden Sie eine sternförmige Tülle, so werden die gezackten Ränder der Spritzkuchen richtig knusprig.

FÜR 12 STÜCK

75 g Butter
250 ml Wasser
175 g Weizenmehl (Type 405)
1 Prise Salz
3 Eier, verquirlt
1 Eiweiß, steif geschlagen

Für die Glasur

300 g Puderzucker
50 ml Wasser
1½ EL klarer Honig

Außerdem

etwa 1 l Sonnenblumenöl
   zum Ausbacken

1 Die Butter und das Wasser in einem Topf zum Kochen bringen. Das Mehl sieben und mit dem Salz zugeben. Dann vermischen, bis sich alles zu einer Kugel verbindet. Den Topf vom Herd nehmen, dann nach und nach die Eier und das Eiweiß dazugeben und die Masse glattrühren, bis sie dickflüssig ist.

2 Das Öl in einem großen, tiefen Topf auf 170 °C erhitzen. Eine sternförmige Tülle auf einen Spritzbeutel schrauben und diesen mit der Masse füllen. Jeweils einen Ring auf ein Stück Backpapier spritzen.

3 Die Spritzkuchen vorsichtig vom Backpapier ins heiße Öl gleiten lassen. Jeweils 3 Stück auf einmal ausbacken. Da der Teig am Papier haften bleibt, am besten den Spritzkuchen mit dem Backpapier zusammen ins Öl gleiten lassen. Das Papier brennt nicht und kann mit einer Zange oder einem Schaumlöffel wieder entfernt werden.

4 Die Spritzkuchen 1–2 Minuten goldbraun ausbacken, dabei einmal drehen. Mit dem Schaumlöffel aus dem Öl nehmen und auf Küchenpapier abtropfen lassen.

5 Für die Glasur den Puderzucker, das Wasser und den Honig in einer Schüssel glattrühren, bis sich alle Zutaten vermengt haben. Die Spritzkuchen in die Glasur tauchen, sodass sie rundum damit überzogen sind. Das gelingt am besten, solange das Gebäck noch leicht warm ist. Vor dem Servieren ruhen lassen, damit die Glasur fest wird.

Energie 346 kcal/1458 kJ; Protein 3,8 g; Kohlenhydrate 56,2 g – davon 37,2 g Zucker; Fett 13,4 g – davon 3,5 g gesättigt; Cholesterin 14 mg; Kalzium 53 mg; Ballaststoffe 0 g; Natrium 139 mg

Malasadas

Diese klassischen portugiesischen Krapfen ähneln einfachen Donuts, die durch den Zusatz von gesüßter Kondensmilch jedoch etwas reichhaltiger sind. Sie werden ohne bestimmte Form ins Öl gegeben und sind außen knusprig und innen locker. Mit etwas Muskatnuss im Zucker erhalten die Malasadas eine spezielle Note.

FÜR 12 STÜCK

300 g Weizenmehl (Type 550)
1 ½ TL Trockenhefe
2 EL Streuzucker
1 Prise Salz
80 g Butter, gewürfelt und gekühlt
3 Eier, verquirlt
300 ml gesüßte, lauwarme
    Kondensmilch

Für die Glasur

4 EL Puderzucker
¼ TL gemahlene Muskatnuss

Außerdem

etwas Mehl für die Arbeitsfläche
etwa 1 l Sonnenblumenöl zum
    Ausbacken

> ### Tipp
> Malasadas werden traditionsgemäß am Tag vor Beginn der Fastenzeit gegessen, um die Zucker- und Mehlvorräte aus der Speisekammer aufzubrauchen, ähnlich der Tradition, am Faschingsdienstag Pfannkuchen zuzubereiten.

1 Das Mehl sieben und mit der Hefe, dem Streuzucker und dem Salz in eine Schüssel geben. Die Butter mit den Fingerspitzen in die Mehlmischung einarbeiten. Die Eier und die Kondensmilch zugeben und vermischen, bis alles vermengt ist.

2 Zum Ausbacken das Öl in einem großen, tiefen Topf auf 170 °C erhitzen. Mit einem Eisportionierer oder zwei Esslöffeln aus dem Ausbackteig

eine Kugel formen und sanft ins heiße Öl gleiten lassen. Jeweils 3 Malasadas 30–60 Sekunden auf jeder Seite goldbraun ausbacken. Mit einem Schaumlöffel aus dem Öl nehmen und auf Küchenpapier abtropfen lassen.

3 Solange die Malasadas noch warm sind, den Puderzucker mit der Muskatnuss auf einem Teller vermischen und die Malasadas in der Mischung wälzen.

Energie 321 kcal/1346 kJ; Protein 4,6 g; Kohlenhydrate 40,5 g – davon 16,7 g Zucker; Fett 16,7 g – davon 4,3 g gesättigte Fettsäuren; Cholesterin 18 mg; Kalzium 58 mg; Ballaststoffe 0 g; Natrium 172 mg

Bombolini

Diese süßen Leckereien sind bei Kindern in Italien sehr beliebt. Sie können mit Vanillepudding, Schokolade oder Marmelade gefüllt werden, aber hier habe ich Nuss-Nugat-Creme gewählt. Für die Füllung reicht eine kleine Menge, denn auch die Oberseite wird damit bestrichen! Mit gehackten Erdnüssen bestreut, wird daraus ein unwiderstehlicher Snack.

FÜR 12 STÜCK
225 g Weizenmehl (Type 550)
1 ½ TL Trockenhefe
1 EL Streuzucker
1 Prise Salz
65 g Butter, gewürfelt und gekühlt
1 Ei, verquirlt
120 ml Vollmilch, lauwarm

Für die Füllung und den Belag
225 g Schokoladen-Haselnuss-
   Aufstrich
50 g Erdnüsse, grob gehackt

Außerdem
etwas Mehl für die Arbeitsfläche
etwa 1 l Sonnenblumenöl zum
   Ausbacken

1 Das Mehl zusammen mit der Hefe, dem Zucker und dem Salz in eine Schüssel sieben. Die Butter mit den Fingerspitzen in die Mehlmischung einarbeiten. Das Ei und die Milch zugeben und die Masse kneten, bis sich alles verbindet.

2 Den Teig auf einer leicht bemehlten Arbeitsfläche ausbreiten und 10 Minuten kneten, bis er geschmeidig ist. Zu einer Kugel rollen und in eine Schüssel legen, mit Klarsichtfolie abdecken und an einem warmen Ort etwa 1 Stunde ruhen lassen, bis der Teig doppelt so groß ist.

3 Den Teig in 12 gleichmäßige Stücke schneiden, zu glatten Kugeln formen und jeweils eine auf ein Stück

Backpapier setzen. Locker mit Klarsichtfolie abdecken und etwa 30 Minuten an einem warmen Ort ruhen lassen, bis der Teig etwas aufgegangen ist.

4 Das Öl in einem großen, tiefen Topf auf 170 °C erhitzen.

5 Die Donuts vorsichtig vom Backpapier ins heiße Öl gleiten lassen. Immer 3 Donuts zusammen ausbacken und 30–60 Sekunden auf jeder Seite goldbraun backen. Die Donuts mit einem Schaumlöffel aus dem Öl nehmen und auf Küchenpapier abtropfen lassen.

6 Solange die Donuts noch warm sind, mit dem Griff eines Teelöffels seitlich ein Loch in die Donuts stechen und mit Kreisbewegungen etwas Platz für die Füllung schaffen.

7 Die Hälfte der Nuss-Nugat-Creme in einen Spritzbeutel füllen und in jeden Donut eine kleine Menge spritzen. Den Rest auf die Donuts streichen und mit gehackten Erdnüssen bestreuen.

Energie 292 kcal/1220 kJ; Protein 4,7 g; Kohlenhydrate 31,2 g – davon 17,7 g Zucker; Fett 17,3 g – davon 4,5 g gesättigte Fettsäuren; Cholesterin 10 mg; Kalzium 58 mg; Ballaststoffe 0,2 g; Natrium 104 mg

Berliner

Diese in Deutschland sehr beliebten mit Marmelade gefüllten Krapfen zeichnen sich durch den leckeren Teig aus. Sie schmecken das ganze Jahr über, werden jedoch hauptsächlich zur Karnevalszeit verzehrt. Meine geheimen Zutaten sind Vanille- und Mandelextrakt – ein Tipp meiner Großmutter.

FÜR 12 STÜCK

225 g Weizenmehl (Type 550)

1 ½ TL Trockenhefe

1 EL Streuzucker

1 Prise Salz

65 g Butter, gewürfelt und gekühlt

1 Ei, verquirlt

120 ml lauwarme Vollmilch

1 TL Vanilleextrakt

¼ TL Mandelextrakt

Für die Füllung

150 g Himbeermarmelade

Außerdem

etwas Mehl für die Arbeitsfläche

etwa 1 l Sonnenblumenöl zum
    Ausbacken

115 g grober Streuzucker zum
    Bestreuen

1 Das Mehl sieben und mit der Hefe, dem Zucker und dem Salz in eine Schüssel geben. Die Butter mit den Fingerspitzen in die Mehlmischung einarbeiten. Das Ei, die Milch, den Vanilleextrakt und den Mandelextrakt zugeben und die Masse so lange kneten, bis sich alles verbindet.

2 Den Teig auf einer leicht bemehlten Arbeitsfläche ausbreiten und 10 Minuten kneten, bis er geschmeidig ist. Zu einer Kugel rollen und in eine Schüssel legen, mit Klarsichtfolie abdecken und an einem warmen Ort etwa 1 Stunde ruhen lassen, bis der Teig doppelt so groß ist.

3 Den Teig in 12 gleichmäßige Stücke schneiden, zu glatten Kugeln formen und jeweils auf ein Stück Backpapier setzen. Locker mit Klarsichtfolie abdecken und etwa 30 Minuten an einem warmen Ort ruhen lassen, bis der Teig etwas aufgegangen ist.

4 Das Öl in einem großen, tiefen Topf auf 170 °C erhitzen.

5 Die Donuts vorsichtig vom Backpapier ins heiße Öl gleiten lassen.

Immer 3 Donuts zusammen ausbacken. 30–60 Sekunden auf jeder Seite goldbraun backen. Die Donuts mit einem Schaumlöffel aus dem Öl nehmen und auf Küchenpapier abtropfen lassen.

6 Solange die Donuts noch warm sind, mit dem Griff eines Teelöffels seitlich hineinstechen und mit Kreisbewegungen etwas Platz für die Füllung schaffen.

7 Einen Spritzbeutel mit der Marmelade füllen und in jeden Berliner eine kleine Menge spritzen.

8 Den Zucker auf einen Teller geben und die Berliner darin wälzen, sodass sie ganz damit bedeckt sind.

Energie 236 kcal/992 kJ; Protein 2,6 g; Kohlenhydrate 38 g – davon 24,9 g Zucker; Fett 9,2 g – davon 2,4 g gesättigte Fettsäuren; Cholesterin 10 mg; Kalzium 35 mg; Ballaststoffe 0 g; Natrium 98 mg

Krapfen

Krapfen ähneln Berlinern, werden jedoch normalerweise mit Aprikosenmarmelade gefüllt und statt mit Streuzucker mit Puderzucker bestreut. Kinder lieben dieses Gebäck – vor allem, weil sie beim Essen den Zucker im Gesicht verteilen!

FÜR 12 STÜCK
225 g Weizenmehl (Type 550)
1 ½ TL Trockenhefe
1 EL Streuzucker
1 Prise Salz
65 g Butter, gewürfelt und gekühlt
1 Ei, verquirlt
120 ml lauwarme Vollmilch
1 TL Vanilleextrakt

Für die Füllung
150 g Aprikosenmarmelade

Außerdem
etwas Mehl für die Arbeitsfläche
etwa 1 l Sonnenblumenöl zum
  Ausbacken
Puderzucker zum Bestäuben

1 Das Mehl sieben und mit der Hefe, dem Streuzucker und dem Salz in eine Schlüssel geben. Die Butter mit den Fingerspitzen in die Mehlmischung einarbeiten. Das Ei, die Milch und den Vanilleextrakt zugeben und die Masse so lange kneten, bis sich alles verbindet.

2 Den Teig auf einer leicht bemehlten Arbeitsfläche ausbreiten und 10 Minuten kneten, bis er geschmeidig ist. Zu einer Kugel rollen und in eine

Schüssel legen, mit Klarsichtfolie abdecken und an einem warmen Ort etwa 1 Stunde ruhen lassen, bis der Teig doppelt so groß ist.

3 Den Teig in 12 gleichmäßige Stücke schneiden, zu glatten Kugeln formen und jeweils auf ein Stück Backpapier setzen. Locker mit Klarsichtfolie abdecken und etwa 30 Minuten an einem warmen Ort ruhen lassen, bis der Teig etwas aufgegangen ist.

4 Das Öl in einem großen, tiefen Topf auf 170 °C erhitzen.

5 Die Donuts vorsichtig vom Backpapier ins heiße Öl gleiten lassen. Auf jeder Seite 30–60 Sekunden goldbraun ausbacken. Die Donuts mit einem Schaumlöffel aus dem Öl nehmen und auf Küchenpapier abtropfen lassen.

6 Solange die Donuts noch warm sind, mit dem Griff eines Teelöffels seitlich hineinstechen und mit Kreisbewegungen etwas Platz für die Füllung schaffen.

7 Einen Spritzbeutel mit der Aprikosenmarmelade füllen und in jeden Donut eine kleine Menge spritzen.

8 Die Krapfen auf beiden Seiten mit Puderzucker bestäuben, sodass sie ganz damit bedeckt sind.

Energie 198 kcal/832 kJ; Protein 2,6 g; Kohlenhydrate 28 g – davon 14,9 g Zucker; Fett 9,2 g – davon 2,4 g gesättigte Fettsäuren; Cholesterin 10 mg; Kalzium 32 mg; Ballaststoffe 0 g; Natrium 100 mg

Oliebollen

Oliebollen, übersetzt „Ölkugeln", sind kleine Bällchen aus frittiertem Teig. Sie sind etwas kleiner als übliche Krapfen und gelten als deren ursprüngliche Reinform. In anderen Ländern heißen sie holländische Krapfen oder Dutchies. Sie können gefüllt oder ungefüllt sein, werden jedoch stets mit Streu- oder Puderzucker serviert.

1 Das Mehl zusammen mit der Hefe, dem Streuzucker und dem Salz in eine Schüssel sieben. Die Milch, die Zitronenschale und die Rosinen zugeben und vermischen, bis sich die Zutaten vermengt haben.

4 Die Oliebollen mit Puderzucker bestäuben, solange sie noch etwas warm sind.

FÜR 12 STÜCK
300 g Weizenmehl (Type 550)
1 ½ Trockenhefe
1 EL Streuzucker
1 Prise Salz
450 ml lauwarme Vollmilch
abgeriebene Schale von ½ unbehandelten Zitrone
4 EL Rosinen

Außerdem
etwas Mehl für die Arbeitsfläche
etwa 1 l Sonnenblumenöl zum Ausbacken
4 EL Puderzucker zum Bestäuben

2 Das Öl in einem großen, tiefen Topf auf 170 °C erhitzen.

3 Mit einem Eisportionierer oder zwei Esslöffeln aus dem Ausbackteig eine Kugel formen und sanft ins heiße Öl gleiten lassen. Jeweils 3 Oliebollen 30–60 Sekunden auf jeder Seite goldbraun ausbacken. Mit einem Schaumlöffel aus dem Öl nehmen und auf Küchenpapier abtropfen lassen.

Tipp
In den Niederlanden sind Oliebollen eine saisonale Leckerei, die traditionsgemäß zu Neujahr zubereitet und verzehrt wird.

Variationen
- Traditionell werden dem Teig Rosinen zugegeben. Sie können diese jedoch auch weglassen.
- Etwas gemahlener Zimt im Puderzucker ergibt eine kräftigere Kombination von Aromen, die für festliche Anlässe gut geeignet ist.

Energie 293 kcal/1228 kJ; Protein 4,1 g, Kohlenhydrate 39,1 g – davon 18,5 g Zucker; Fett 14,4 g – davon 3,7 g gesättigte Fettsäuren; Cholesterin 15 mg; Kalzium 53 mg; Ballaststoffe 0,1 g; Natrium 151 mg

Loukoumades

Diese köstlichen frittierten Leckereien kommen aus Griechenland, wo sie vor dem Servieren mit einem herrlichen Honigsirup getränkt werden. Der Teig wird direkt in das heiße Öl gegeben, deshalb sind sie nicht gleichmäßig geformt. In der Türkei heißt dieses Gebäck *Lokma* und wird manchmal mit Sesamsamen bestreut.

FÜR 12 STÜCK

300 g Weizenmehl (Type 550)
1 ½ TL Trockenhefe
1 EL Streuzucker
1 Prise Salz
450 ml lauwarme Vollmilch

Für den Honigsirup

100 ml klarer Honig
Saft von ½ Zitrone
½ TL gemahlener Zimt

Außerdem

etwas Mehl für die Arbeitsfläche
etwa 1 l Sonnenblumenöl zum
  Ausbacken

Tipp
Frisch ausgebackene Loukoumades, mit griechischem Joghurt und grob gehackten Pistazien serviert, ergeben ein köstliches, ungewöhnliches Dessert.

1 Das Mehl zusammen mit der Hefe, dem Zucker und dem Salz in eine Schüssel sieben. Die Milch zugeben und vermischen, bis sich alles vermengt hat.

2 Das Öl in einem großen, tiefen Topf auf 170 °C erhitzen.

3 Mit zwei Esslöffeln aus dem Ausbackteig Kugeln formen und ins heiße Öl gleiten lassen. Jeweils 3 Stück 30–60 Sekunden auf jeder Seite goldbraun ausbacken. Mit einem Schaumlöffel herausheben und auf Küchenpapier abtropfen lassen.

4 Für den Sirup den Honig mit dem Zitronensaft und dem Zimt in einer kleinen Schüssel vermischen.

5 Den Honigsirup über die Loukoumades träufeln, solange sie noch etwas warm sind.

Energie 283 kcal/1189 kJ; Protein 4 g; Kohlenhydrate 36,8 g – davon 16,2 g Zucker; Fett 14,4 g – davon 3,7 g gesättigte Fettsäuren; Cholesterin 15 mg; Kalzium 49 mg; Ballaststoffe 0 g; Natrium 149 mg

Koeksisters

Diese Leckerbissen aus Südafrika werden am besten am nächsten Tag kalt serviert, nachdem der Zuckersirup fest und der Teig etwas weich geworden ist. Die äußere Kruste entsteht durch Eintauchen des kochend heißen Gebäcks in eiskalten Sirup. Sie können den Sirup einen Tag vorher zubereiten und über Nacht im Kühlschrank aufbewahren.

FÜR 12 STÜCK

300 g Weizenmehl (Type 405)
1 EL Backpulver
1 Prise Salz
2 ½ EL Butter, gewürfelt und gekühlt
150 ml Vollmilch

Für den Sirup

500 g Streuzucker
250 ml Wasser
Saft von 1 Zitrone
½ TL gemahlener Zimt
¼ TL gemahlener Ingwer

Außerdem

etwas Mehl für die Arbeitsfläche
etwa 1 l Sonnenblumenöl zum
  Ausbacken

1 Für den Sirup den Zucker, das Wasser, den Zitronensaft, den Zimt und den Ingwer in einen Topf geben. Bei schwacher Hitze rühren, bis sich der Zucker aufgelöst hat, dann 2 Minuten sprudelnd kochen lassen. Den Topf vom Herd nehmen, den Sirup in eine hitzebeständige Schüssel gießen und bei Raumtemperatur abkühlen lassen. Mindestens 1 Stunde, jedoch vorzugsweise über Nacht, kühlen.

2 Für die Koeksisters das Mehl zusammen mit dem Backpulver und dem Salz in eine Schüssel sieben. Die Butter zugeben und einarbeiten, bis eine leicht krümelige Masse entsteht.

3 Die Milch hinzufügen, die Mischung 5 Minuten kneten und zu einer Kugel formen. In eine leicht eingefettete Schüssel legen, mit Klarsichtfolie abdecken und bei Zimmertemperatur 1 Stunde ruhen lassen.

4 Den Teig auf einer leicht bemehlten Arbeitsfläche etwa 5 mm dick zu einem 10 x 36 cm großen Rechteck ausrollen. Mit einem scharfen Messer den Teig in 36 Streifen (10 x 1 cm) schneiden.

5 Für jede Koeksister jeweils 3 Teigstreifen nehmen und an einem Ende verbinden. Den rechten Streifen über den mittleren Streifen falten, gefolgt vom linken Streifen über den zuletzt gefalteten Streifen, bis die ganze Länge geflochten ist. Jeweils einen Zopf auf ein Stück Backpapier legen.

6 Das Öl in einem großen, tiefen Topf auf 170 °C erhitzen. Die Zöpfchen vorsichtig vom Backpapier ins heiße Öl gleiten lassen. Auf jeder Seite 30–60 Sekunden goldbraun ausbacken.

7 Mit einem Schaumlöffel aus dem Öl nehmen und auf Küchenpapier abtropfen lassen. Noch heiß in den eiskalten Sirup tauchen und überall damit überziehen. Den Sirup einziehen und fest werden lassen.

Energie 330 kcal/1397 kJ; Protein 2,7 g; Kohlenhydrate 63 g – davon 49,9 g Zucker; Fett 9,3 g – davon 2,4 g gesättigte Fettsäuren; Cholesterin 10 mg; Kalzium 49 mg; Ballaststoffe 0 g; Natrium 97 mg

MODERNE
Varianten

Dieses Kapitel zaubert wundervolle zeitgenössische Kreationen mit traditionellen Donuts. Ich habe einige meiner Lieblingsrezepte in köstliche Versionen verwandelt und neue Ideen, von wohlschmeckenden gewürzten Happen, einem großen Kuchen bis hin zu einem lukullisch überzeugenden Krapfen und Butterpudding, entwickelt.

Crème-brûlée-Donuts

Beim Hineinbeißen in diese Krapfen ist ein Knirschen zu hören – fast so wie bei einer echten Crème brûlée. Haben Sie keinen Gastro-Bunsenbrenner, können Sie den Zucker auf der Oberfläche der Krapfen auch unter dem Backofengrill karamellisieren.

FÜR 12 STÜCK

225 g Weizenmehl (Type 550)
1 ½ TL Trockenhefe
1 EL Streuzucker
1 Prise Salz
65 g Butter, gewürfelt und gekühlt
1 Ei, verquirlt
120 ml lauwarme Vollmilch

Für die Crème-brûlée-Füllung

250 ml Crème double
ausgekratztes Mark von
   1 Vanilleschote
3 Eidotter
50 g Streuzucker

Für den Belag

120 g grober Streuzucker

Außerdem

etwas Mehl für die Arbeitsfläche
etwa 1 l Sonnenblumenöl zum
   Ausbacken

1 Bereiten Sie zuerst die Füllung zu. Die Crème double und das Vanillemark in einen Topf geben und zum Kochen bringen, dann vom Herd nehmen. In einer hitzebeständigen Schüssel die Eidotter und den Zucker schaumig schlagen. Die heiße Creme unter ständigem Rühren nach und nach zu der Eimischung gießen, bis sich die Masse etwas verdickt. Mit Klarsichtfolie abdecken und mindestens 1 Stunde im Kühlschrank abkühlen lassen, bis die Masse angedickt ist.

2 In der Zwischenzeit das Mehl zusammen mit der Hefe, dem Streuzucker und dem Salz in eine Schüssel sieben. Die Butter mit den Fingerspitzen in die Mehlmischung einarbeiten. Das Ei und die Milch zugeben und die Masse kneten, bis sich alles verbindet.

3 Den Teig auf einer leicht bemehlten Arbeitsfläche ausbreiten und 10 Minuten durchkneten, bis er geschmeidig ist. Zu einer Kugel rollen und wieder in die Schüssel legen, mit Klarsichtfolie abdecken und an einem warmen Ort etwa 1 Stunde ruhen lassen, bis der Teig doppelt so groß ist.

4 Den Teig in 12 gleichmäßige Stücke schneiden, zu glatten Kugeln formen und jeweils eine auf ein Stück Backpapier setzen.

5 Locker mit Klarsichtfolie abdecken und etwa 30 Minuten an einem warmen Ort ruhen lassen, bis der Teig etwas aufgegangen ist.

6 Das Öl in einem großen, tiefen Topf auf 170 °C erhitzen. Die Donuts vorsichtig vom Backpapier ins heiße Öl gleiten lassen. Jeweils 3 auf einmal auf jeder Seite 30–60 Sekunden goldbraun ausbacken. Mit einem Schaumlöffel die Donuts herausnehmen und auf Küchenpapier abtropfen lassen.

7 Solange die Donuts noch warm sind, mit dem Griff eines Teelöffels seitlich hineinstechen und mit Kreisbewegungen etwas Platz für die Füllung schaffen. Abkühlen lassen.

8 Einen Spritzbeutel mit der angedickten Crème brûlée füllen und eine kleine Menge in jeden Donut spritzen. Die Oberseite in den groben Zucker tauchen und mit einem Gastro-Bunsenbrenner den Zucker schmelzen, bis er goldfarben ist.

Energie 338 kcal/1412 kJ; Protein 3,6 g; Kohlenhydrate 34,1 g – davon Zucker 21 g; Fett 21,7 g – davon 9,7 g gesättigte Fettsäuren; Cholesterin 89 mg; Kalzium 51 mg; Ballaststoffe 0 g; Natrium 102 mg

Buttermilch-Donuts

Die reichhaltige und sättigende Buttermilch ist eine meiner Lieblingsbackzutaten geworden, denn sie sorgt für eine seidige Konsistenz, die zu diesen Donuts besonders gut passt. Die Himbeeren sind die ideale Ergänzung zur Buttermilch.

FÜR 12 STÜCK

225 g Weizenmehl (Type 550)
1 ½ TL Trockenhefe
1 EL Streuzucker
1 Prise Salz
65 g Butter, gewürfelt und gekühlt
1 Ei, verquirlt
4 EL lauwarme Vollmilch
4 EL Buttermilch

Für die Füllung
4 EL Himbeermarmelade

Für die Glasur
300 g Puderzucker
3 Himbeeren
2 EL Buttermilch

Außerdem
etwas Mehl für die Arbeitsfläche
etwa 1 l Sonnenblumenöl zum
  Ausbacken

1 Das Mehl zusammen mit der Hefe, dem Zucker und dem Salz in eine Schüssel sieben. Die Butter mit den Fingerspitzen in die Mehlmischung einarbeiten. Das Ei, die Milch und die Buttermilch zugeben und die Masse kneten, bis sich alles verbindet.

2 Den Teig auf einer leicht bemehlten Arbeitsfläche ausbreiten und 10 Minuten kneten, bis er geschmeidig ist. Zu einer Kugel rollen und wieder in die Schüssel legen, mit Klarsichtfolie abdecken und an einem warmen Ort etwa 1 Stunde ruhen lassen, bis der Teig doppelt so groß ist.

3 Den Teig in 12 gleichmäßige Stücke schneiden, zu glatten Kugeln formen und jeweils auf ein Stück Backpapier setzen. Locker mit Klarsichtfolie abdecken und etwa 30 Minuten an einem warmen Ort ruhen lassen, bis der Teig aufgegangen ist.

4 Das Öl in einem großen, tiefen Topf auf 170 °C erhitzen.

5 Die Donuts vorsichtig vom Backpapier ins heiße Öl gleiten lassen. Jeweils 3 auf jeder Seite 30–60 Sekunden goldbraun ausbacken. Die Donuts mit einem Schaumlöffel aus dem Öl heben und auf Küchenpapier abtropfen lassen.

6 Solange die Donuts noch warm sind, mit dem Griff eines Teelöffels seitlich hineinstechen und mit Kreisbewegungen etwas Platz für die Füllung schaffen.

7 Für die Füllung die Himbeermarmelade in einen Spritzbeutel geben und in jeden Krapfen etwas Marmelade spritzen.

8 Für die Glasur den Puderzucker mit den Himbeeren und der Buttermilch in einer Küchenmaschine zerkleinern. Die Donuts in die Glasur tauchen und auf einem Kuchengitter abkühlen lassen.

Energie 280 kcal/1181 kJ; Protein 2,9 g; Kohlenhydrate 49,4 g – davon 36,3 g Zucker; Fett 9,2 g – davon 2,4 g gesättigte Fettsäuren; Cholesterin 10 mg; Kalzium 48 mg; Ballaststoffe 0 g; Natrium 101 mg

Marmorierte Donuts

Diese Donuts finden Sie in keiner Bäckerei. Sie gehen auf meine Leidenschaft für Mamorkuchen zurück und ich musste einfach eine Krapfenversion davon kreieren! Mit einer glatten Schokoladenglasur beträufelt sind sie sehr dekorativ und lassen sich auch leicht zubereiten.

FÜR 12 STÜCK

100 g weiche Butter

150 g Streuzucker

1 TL Vanilleextrakt

2 Eier

275 g Weizenmehl (Type 405)

2 TL Backpulver

1 Prise Salz

150 ml Vollmilch und 1 EL Milch
   zusätzlich

25 g ungesüßtes Kakaopulver

Für die Schokoladenglasur

100 g dunkle Zartbitterschokolade,
   in Stücke gebrochen

100 ml Crème double

2 EL heller Zuckersirup

Außerdem

weiche Butter zum Einfetten

1 Den Backofen auf 180 °C vorheizen. Eine Donut-Backform mit 12 Vertiefungen mit weicher Butter einfetten.

2 Die Butter, den Zucker und den Vanilleextrakt in eine Schüssel geben und verrühren, bis eine leichte, cremige Masse entsteht. Die Eier nach und nach unterrühren.

3 Das Mehl, das Backpulver und das Salz zu der Masse geben und einarbeiten. 150 ml Milch zugeben und die Masse nur so lange kneten, bis sich alles verbindet. Den Teig halbieren und eine Hälfte des Teigs in eine andere Schüssel legen. Das Kakaopulver mit 1 EL Milch zu einer der Teighälften geben und unterheben, bis beides vollständig eingearbeitet ist.

4 Den Vanilleteig gleichmäßig in die Vertiefungen der vorbereiteten Backform geben und den Kakaoteig ebenfalls gleichmäßig aufteilen.

5 Mit einer kleinen Gabel die Teige leicht ineinander verrühren, um einen Marmoreffekt zu erzeugen. Auf der mittleren Schiebeleiste des Ofens

15 Minuten backen, bis die Küchlein goldbraun sind. 5 Minuten in der Backform ruhen lassen, dann auf einem Kuchengitter vollständig abkühlen lassen.

6 Für die Schokoladenglasur die Schokolade, die Crème Double und den Sirup bei mittlerer Hitze in einem antihaftbeschichteten Topf schmelzen lassen, bis eine glatte und glänzende Masse entsteht. Die Glasur mit einem Löffel über die Küchlein träufeln und vor dem Servieren fest werden lassen.

Energie 307 kcal/1282 kJ; Protein 4,5 g; Kohlenhydrate 34,3 g – davon 16,5 g Zucker; Fett 17,8 g – davon 10,5 g gesättigte Fettsäuren; Cholesterin 74 mg; Kalzium 54 mg; Ballaststoffe 1,6 g; Natrium 95 mg

Red-Velvet-Donuts

Hier werden zwei amerikanische Geschmacksklassiker vereint: Die üppige Frischkäseglasur passt perfekt zu den süßen Krapfen und da die Krapfen nicht im schwimmenden Fett, sondern im Ofen gebacken werden, erinnern sie an den traditionellen Red-Velvet-Cake.

FÜR 12 STÜCK

100 g weiche Butter
150 g Streuzucker
1 TL Vanilleextrakt
2 Eier
275 g Weizenmehl (Type 405)
2 TL Backpulver
1 Prise Salz
100 ml Vollmilch
50 ml Buttermilch
50 g ungesüßtes Kakaopulver
1 ½ TL rote Lebensmittelfarbe

Für die Frischkäseglasur

150 g Puderzucker
50 g Frischkäse
50 ml Buttermilch

Außerdem

weiche Butter zum Einfetten

2 Die Butter, den Streuzucker und den Vanilleextrakt in eine Schüssel geben und verrühren, bis eine leichte und cremige Masse entsteht. Nach und nach die Eier unterrühren.

3 Das Mehl, das Backpulver und das Salz zu der Masse geben und einarbeiten. Die Milch und die Buttermilch zugeben und so lange vermischen, bis sich alles verbindet. Das Kakaopulver mit der roten Lebensmittelfarbe vermischen und in den Teig einarbeiten.

4 Den Teig in einen Spritzbeutel mit einer runden Tülle füllen und gleichmäßig in die Mulden der vorbereiteten Backform spritzen. Dadurch lassen sich leichter schöne Kreise erzeugen. Sie können den Teig jedoch auch mit einem Löffel in die Form geben.

5 Auf der mittleren Schiebeleiste 15 Minuten im Ofen backen, bis die Donuts goldbraun sind. Herausnehmen und das Gebäck 5 Minuten in der Backform ruhen lassen. Dann aus der Form auf ein Kuchengitter legen und vollständig abkühlen lassen.

6 Für die Glasur den Puderzucker mit dem Frischkäse und der Buttermilch glatt rühren. Die Glasur mit einem Löffel auf die Donuts träufeln. Dabei sollte die Glasur etwas an den Seiten herunterlaufen. Die Glasur vor dem Servieren fest werden lassen.

1 Den Backofen auf 180 °C vorheizen. Eine Donut-Backform mit 12 Vertiefungen mit weicher Butter einfetten.

Energie 294 kcal/1235 kJ; Protein 5 g; Kohlenhydrate 45,3 g – davon 27,2 g Zucker; Fett 11,5 g – davon 6,7 g gesättigte Fettsäuren; Cholesterin 62 mg; Kalzium 73 mg; Ballaststoffe 1,6 g; Natrium 128 mg

Schwarzwälder Donuts

Dieses köstliche Gebäck wird mit Schlagsahne und Kirschmarmelade gefüllt. Nie hat Schwarzwälder Kirsch-kuchen so gut geschmeckt! Sie können die Donuts entweder für sich allein oder 2–3 aufeinandergestapelt als geschichtete Version des klassischen Gâteau servieren.

FÜR 12 STÜCK

100 g weiche Butter
150 g Streuzucker
1 TL Vanilleextrakt
2 Eier
275 g Weizenmehl (Type 405)
2 TL Backpulver
1 Prise Salz
30 g ungesüßtes Kakaopulver
150 ml Vollmilch

Für die Füllung

100 g Kirschmarmelade
150 ml geschlagene Sahne

Für das Topping

100 g dunkle Zartbitterschokolade,
   in Stücken
150 ml Crème double
2 EL heller Zuckersirup

Außerdem

weiche Butter zum Einfetten

1 Den Backofen auf 180 °C vorheizen. Eine Donut-Backform mit 12 Mulden mit geschmolzener Butter einfetten.

2 Die Butter, den Streuzucker und den Vanilleextrakt in eine Schüssel geben und verrühren, bis eine leichte und cremige Masse entsteht. Die Eier nach und nach einarbeiten.

3 Das Mehl, das Backpulver, das Salz und das Kakaopulver sieben, zu der Masse geben und unterheben. Die Milch zugeben und die Masse nur so lange kneten, bis sich alles verbindet.

4 Den Teig in einen Spritzbeutel mit einer runden Tülle füllen und gleichmäßig verteilt in die vorbereitete Backform spritzen. Dadurch lassen sich leichter schöne Kreise erzeugen. Sie können den Teig jedoch auch mit dem Löffel in die Form geben.

5 Auf der mittleren Schiebeleiste 15 Minuten im Ofen backen, bis das Gebäck leicht gebräunt ist. Die Donuts 5 Minuten ruhen lassen, bevor sie aus der Backform genommen werden. Auf einem Kuchengitter abkühlen lassen.

6 Die Donuts wie einen Bagel halbieren. Eine Hälfte mit Kirschmarmelade und mit einer Schicht Schlagsahne bestreichen. Mit der anderen Hälfte des Krapfens abdecken und darauf achten, dass die Füllung dabei nicht herausgedrückt wird. Mit den restlichen Krapfen wiederholen.

7 Für das Schokoladen-Topping die Schokolade, die Crème double und den Sirup in einem Topf schmelzen und glattrühren, bis die Masse glänzt. Die Schokoladenglasur auf den Krapfen verteilen. Wenn die Glasur getrocknet ist, nach Belieben als Stapel servieren.

Energie 401 kcal/1677 kJ; Protein 4 g; Kohlenhydrate 45,2 g – davon 27,4 g Zucker; Fett 23,9 g – davon 14,8 g gesättigte Fettsäuren; Cholesterin 54 mg; Kalzium 71 mg; Ballaststoffe 1,6 g; Natrium 98 mg

Bananen-Donuts

Bananenkuchen ist einer meiner Favoriten und so dachte ich, dass ich ihn als köstliche Donutvariante wieder aufleben lassen sollte. Dies ist eine gute Möglichkeit, überreife Bananen zu verwerten, denn sie verleihen diesen leichten und lockeren Donuts Süße und Fruchtaroma.

FÜR 12 STÜCK
100 g weiche Butter
150 g Streuzucker
1 TL Vanilleextrakt
2 Eier
275 g Weizenmehl (Type 405)
2 TL Backpulver
1 Prise Salz
150 ml Vollmilch
3 reife Bananen

Außerdem
weiche Butter zum Einfetten
Puderzucker zum Bestäuben

Variation
Wenn Sie 1 TL gemahlenen Ingwer und 1 TL gemahlenen Zimt zum Teig geben, wird er besonders aromatisch.

1 Den Backofen auf 180 °C vorheizen. Eine Donut-Backform mit 12 Vertiefungen mit geschmolzener Butter einfetten.

2 Die Butter, den Streuzucker und den Vanilleextrakt in eine Schüssel geben und verrühren, bis eine leichte und cremige Masse entsteht. Nach und nach die Eier unterrühren.

3 Das Mehl, das Backpulver und das Salz zu der Masse geben und einarbeiten. Die Milch hinzufügen und nur so lange vermischen, bis sich alles verbindet. Die Bananen schälen, mit einer Gabel zerdrücken und unter den Teig heben, bis sie vollständig eingearbeitet sind.

4 Den Teig in einen Spritzbeutel mit einer runden Tülle füllen und gleichmäßig in die Mulden der vorbereiteten Backform spritzen. Dadurch lassen sich leichter schöne Kreise erzeugen. Sie können den Teig jedoch auch mit dem Löffel in die Form geben.

5 Auf der mittleren Schiebeleiste 15 Minuten im Ofen goldbraun backen. Herausnehmen und 5 Minuten ruhen lassen, dann aus der Backform lösen.

6 Leicht mit Puderzucker bestäuben, solange die Donuts noch warm sind.

Energie 153 kcal/640 kJ; Protein 1,8 g; Kohlenhydrate 19,1 g – davon 18,5 g Zucker; Fett 8,2 g – davon 4,8 g gesättigte Fettsäuren; Cholesterin 57 mg; Kalzium 17 mg; Ballaststoffe 0,4 g; Natrium 67 mg

Kokos-Donuts

Eine dünne Schicht Kokosraspel ergibt hier ein wunderschönes und ungewöhnliches Finish. Mit Kokosmilch im Teig und in der Glasur huldigen diese herrlichen Leckerbissen voll und ganz der exotischen Kokosnuss und dank der Limettenglasur fühlen Sie sich mit einem Bissen auf eine tropische Insel entführt.

FÜR 12 STÜCK

225 g Weizenmehl (Type 550)
1 ½ TL Trockenhefe
1 EL Streuzucker
1 Prise Salz
65 g Butter, gewürfelt und gekühlt
1 Ei, verquirlt
4 EL Vollmilch
4 EL Kokosmilch

Für den Guss

300 g Puderzucker
120 ml Kokosmilch
abgeriebene Schale von
 1 unbehandelten Limette

Außerdem

etwas Mehl für die Arbeitsfläche
etwa 1 l Sonnenblumenöl zum
 Ausbacken
150 g ungesüße Kokosraspel zum
 Bestreuen

1 Das Mehl zusammen mit der Hefe, dem Streuzucker und dem Salz in eine Rührschüssel sieben. Die Butter in die Schüssel geben und mit den Fingerspitzen in die Mehlmischung einarbeiten. Das Ei, die Milch und die Kokosmilch zugeben und die Masse kneten, bis sich alles verbindet.

2 Den Teig auf einer leicht bemehlten Arbeitsfläche ausbreiten und 10 Minuten durchkneten, bis er geschmeidig ist. Zu einer Kugel rollen und wieder in die Schüssel legen, mit Klarsichtfolie abdecken und an einem warmen Ort etwa 1 Stunde ruhen lassen, bis der Teig doppelt so groß ist.

3 Den Teig in 12 gleichmäßige Stücke schneiden, zu glatten Kugeln formen und jeweils eine auf ein Stück Backpapier setzen. Locker mit Klarsichtfolie abdecken und etwa 30 Minuten an einem warmen Ort ruhen lassen, bis der Teig etwas aufgegangen ist.

4 Das Öl in einem großen, tiefen Topf auf 170 °C erhitzen.

5 Die Donuts vorsichtig vom Backpapier ins heiße Öl gleiten lassen. Jeweils 3 auf einmal auf jeder Seite 30–60 Sekunden goldbraun ausbacken. Mit einem Schaumlöffel aus

dem Öl nehmen und auf Küchenpapier abtropfen lassen.

6 Für die Glasur den Puderzucker mit der Kokosmilch und der Limettenschale zu einer glatten Paste verrühren. Damit die Oberseite der Krapfen einpinseln, solange sie noch etwas warm sind. Mit den Kokosraspeln bestreuen und trocknen lassen.

Energie 341 kcal/1433 kJ; Protein 3,4 g; Kohlenhydrate 46,8 g – davon 33,7 g Zucker; Fett 17 g – davon 9,1 g; Cholesterin 10 mg; Kalzium 44 mg; Ballaststoffe 2,3 g; Natrium 110 mg

Erdnussbutter-Himbeer-Donuts

Wer liebt sie nicht, die im englischsprachigen Raum so beliebte klassische Kombination aus Erdnussbutter und Himbeermarmelade? Diese Mischung aus süß und salzig ist bei Kindern und Erwachsenen gleichermaßen beliebt und trifft jedes Mal ins Schwarze.

FÜR 12 STÜCK

225 g Weizenmehl (Type 550)
1 ½ TL Trockenhefe
1 EL Streuzucker
1 Prise Salz
65 g Butter, gewürfelt und gekühlt
1 Ei, verquirlt
120 ml lauwarme Vollmilch

Für die Füllung

65 g Himbeermarmelade
65 g Erdnussbutter

Außerdem

etwas Mehl für die Arbeitsfläche
etwa 1 l Sonnenblumenöl zum
 Ausbacken
120 g grober Streuzucker zum
 Bestreuen

1 Das Mehl mit der Hefe, dem Zucker und dem Salz in eine Schüssel sieben. Die Butter mit den Fingerspitzen in die Mehlmischung einarbeiten. Das Ei und die Milch zugeben und die Masse kneten, bis sich alles verbindet.

2 Den Teig auf einer leicht bemehlten Arbeitsfläche ausbreiten und 10 Minuten durchkneten, bis er geschmeidig ist. Zu einer Kugel rollen und in eine saubere, leicht eingefettete Schüssel legen. Mit Klarsichtfolie abdecken und an einem warmen Ort etwa 1 Stunde ruhen lassen, bis der Teig doppelt so groß ist.

3 Den Teig in 12 gleichmäßige Stücke schneiden, zu glatten Kugeln formen und jeweils eine auf ein Stück Backpapier setzen. Die Kugeln locker mit Klarsichtfolie abdecken und etwa 30 Minuten an einem warmen Ort ruhen lassen, bis der Teig etwas aufgegangen ist.

4 Das Öl in einem großen, tiefen Topf auf 170 °C erhitzen.

5 Die Donuts vorsichtig vom Backpapier ins heiße Öl gleiten lassen. Jeweils 3 auf einmal auf jeder Seite 30–60 Sekunden goldbraun backen. Mit einem Schaumlöffel aus dem Öl nehmen und auf Küchenpapier abtropfen lassen.

6 Solange die Donuts noch warm sind, mit dem Griff eines Teelöffels seitlich in die Donuts stechen und mit Kreisbewegungen Platz für die Füllung schaffen.

7 Die Marmelade in einen Spritzbeutel füllen und in jeden Donut etwas davon hineinspritzen. Mit einem weiteren Spritzbeutel die Erdnussbutter in die Donuts spritzen, sodass jeder etwa mit der gleichen Menge Marmelade und Erdnussbutter gefüllt ist. Den Zucker für den Überzug auf einen Teller schütten und die Donuts im Zucker wälzen, damit sie vollständig damit bedeckt sind.

Energie 250 kcal/1050 kJ; Protein 3,8 g; Kohlenhydrate 33,8 g – davon 20,4 g Zucker; Fett 12 g – davon 3,1 g gesättigte Fettsäuren; Cholesterin 10 mg, Kalzium 37 mg; Ballaststoffe 0 g; Natrium 115 mg

Pistazientaschen

Pistazien geben vielen Kuchen und Backwaren einen einzigartigen Geschmack, eine besondere Textur und eine ansprechende Farbe. Diese Donuts vereinen eine leckere Füllung aus Pistazienpaste mit der knusprigen Süße des glasierten Teigs.

FÜR 12 STÜCK

225 g Weizenmehl (Type 550)
1 ½ TL Trockenhefe
1 EL Streuzucker
1 Prise Salz
65 g Butter, gewürfelt und gekühlt
1 Ei, verquirlt
120 ml lauwarme Vollmilch

Für die Pistazienpaste

200 g gemahlene Pistazien
100 g Streuzucker
2 EL klarer Honig

Für den Sirup

100 g klarer Honig
50 ml Zitronensaft
1 TL gemahlener Zimt

Außerdem

etwas Mehl für die Arbeitsfläche
etwa 1 l Sonnenblumenöl zum
    Ausbacken

1 Das Mehl zusammen mit der Hefe, dem Zucker und dem Salz in eine Schüssel sieben. Die Butter mit den Fingerspitzen in die Mehlmischung einarbeiten. Das Ei und die Milch zugeben und die Masse kneten, bis sich alles verbindet.

2 Den Teig auf einer leicht bemehlten Arbeitsfläche ausbreiten und 10 Minuten durchkneten, bis er geschmeidig ist. Zu einer Kugel rollen und wieder in die Schüssel legen, mit Klarsichtfolie abdecken und an einem warmen Ort etwa 1 Stunde ruhen lassen, bis der Teig doppelt so groß ist.

3 Für die Pistazienpaste die gemahlenen Pistazien mit dem Zucker und dem Honig verrühren, bis eine glatte Paste entsteht. Beiseitestellen. Den Teig auf einer leicht bemehlten Arbeitsfläche etwa 1 cm dick ausrollen. Dann mit einer runden Ausstechform mit ca. 9 cm Durchmesser 12 Kreise ausstechen.

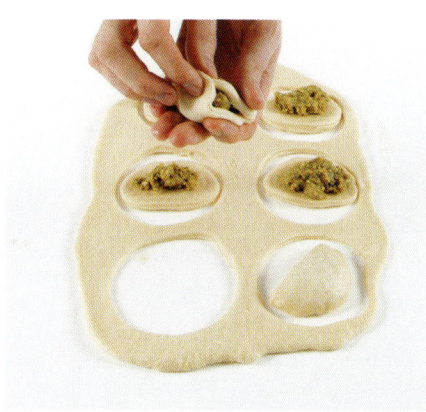

4 Die Pistazienpaste auf die Kreise verteilen, den Teig überschlagen und die Ränder zum Verschließen zusammendrücken. Die Taschen jeweils auf ein Stück Backpapier legen, locker mit Klarsichtfolie abdecken und etwa 30 Minuten an einem warmen Ort ruhen lassen, bis der Teig etwas aufgegangen ist.

5 Das Öl in einem großen, tiefen Topf auf 170 °C erhitzen. Die Pistazientaschen vorsichtig vom Backpapier ins heiße Öl gleiten lassen. Jeweils 3 auf einmal auf jeder Seite 30–60 Sekunden goldbraun backen. Mit einem Schaumlöffel aus dem Öl nehmen und auf Küchenpapier abtropfen lassen.

6 Für den Sirup den Honig mit dem Zitronensaft und dem Zimt verrühren. Die Pistazientaschen in den Sirup tauchen, solange sie noch etwas warm sind, und auf einem Kuchengitter fest werden lassen

Energie 329 kcal/1380 kJ; Protein 5,6 g; Kohlenhydrate 37,7 g, davon 24,2 g Zucker; Fett 18,4 g, davon 3,6 g gesättigte Fettsäuren; Cholesterin 10 mg; Kalzium 58 mg; Ballaststoffe 1,4 g; Natrium 184 mg

Polenta-Honig-Donuts

Diese Donuts erhalten ihre ungewöhnliche Textur durch körnige Polenta. Polenta wird in Italien traditionell als Beilage zu vielen Gerichten gereicht, doch hier wird sie zur Herstellung eines einzigartigen Gebäcks verwendet. Mit einer einfachen Honigfüllung und in reichlich Puderzucker gewälzt wird dies Ihr Lieblingsdonut werden, falls Sie eine Naschkatze sind.

FÜR 12 STÜCK

150 g Weizenmehl (Type 550)
1 ½ TL Trockenhefe
1 EL Streuzucker
1 Prise Salz
75 g Polenta
65 g Butter, gewürfelt und gekühlt
120 ml lauwarme Vollmilch

Für die Füllung

150 ml klarer Honig

Zum Bestäuben

120 g Puderzucker zum Bestäuben

Außerdem

etwas Mehl für die Arbeitsfläche
etwa 1 l Sonnenblumenöl zum
   Ausbacken

1 Das Mehl zusammen mit der Hefe, dem Zucker und dem Salz in eine Schüssel sieben. Die Polenta und die Butter zugeben und einarbeiten, bis eine leicht krümelige Masse entsteht. Die Milch hinzufügen und die Masse kneten, bis sich alles verbindet.

2 Den Teig auf einer leicht bemehlten Arbeitsfläche ausbreiten und 10 Minuten durchkneten. Zu einer Kugel rollen und wieder in die Schüssel legen, mit Klarsichtfolie abdecken und an einem warmen Ort etwa 1 Stunde ruhen lassen, bis der Teig doppelt so groß ist.

3 Den Teig in 12 gleichmäßige Stücke schneiden, zu glatten Kugeln formen und jeweils eine auf ein Stück Backpapier setzen. Locker mit Klarsichtfolie abdecken und etwa 30 Minuten an einem warmen Ort ruhen lassen, bis der Teig etwas aufgegangen ist.

4 Das Öl in einem großen, tiefen Topf auf 170 °C erhitzen. Die Donuts vorsichtig vom Backpapier ins heiße Öl gleiten lassen. Jeweils 3 auf einmal auf jeder Seite 30–60 Sekunden goldbraun backen.

5 Mit einem Schaumlöffel aus dem Öl nehmen und auf Küchenpapier abtropfen lassen. Solange die Donuts noch warm sind, mit dem Griff eines

kleinen Teelöffels seitlich hineinstechen und mit Kreisbewegungen Platz für die Füllung schaffen.

6 Den Honig in einen Spritzbeutel geben und in jeden Krapfen etwas davon hineinspritzen.

7 Den Puderzucker auf einen Teller schütten und die Donuts darin wälzen, sodass sie vollständig bedeckt sind.

Energie 219 kcal/922 kJ; Protein 2,3 g; Kohlenhydrate 36,6 g, davon 25,1 g Zucker; Fett 8,1 g, davon 2,1 g gesättigte Fettsäuren; Cholesterin 9 mg; Kalzium 31 mg; Ballaststoffe 0 g; Natrium 85 mg

Orangen-Ricotta-Donuts

Diese spritzigen, frischen Donuts bereite ich gerne samstagabends zu, damit sie bei einem entspannten Sonntagsfrühstück verzehrt werden können. Falls Sie die Donuts im Voraus zubereiten, sollten Sie sie bis zum Servieren im Kühlschrank aufbewahren.

FÜR 12 STÜCK

225 g Weizenmehl (Type 550)
1½ TL Trockenhefe
1 EL Streuzucker
1 Prise Salz
abgeriebene Schale von ½ unbehandelten Orange
50 g Butter, gewürfelt und gekühlt
1 Ei, verquirlt
120 ml lauwarme Vollmilch
150 g Ricotta

Für die Füllung

150 g Ricotta
2 EL Orangensaft

Für die Garnitur

120 g grober Streuzucker
abgeriebene Schale von ½ unbehandelten Orange

Außerdem

etwas Mehl für die Arbeitsfläche
etwa 1 l Sonnenblumenöl zum Ausbacken

1 Das Mehl zusammen mit der Hefe, dem Zucker und dem Salz in eine Schüssel sieben. Die Orangenschale dazugeben und die Butter mit den Fingerspitzen in die Mehlmischung einarbeiten. Das Ei, die Milch und den Ricotta hinzufügen und die Masse kneten, bis sich alles verbindet.

2 Den Teig auf einer leicht bemehlten Arbeitsfläche ausbreiten und 10 Minuten durchkneten, bis er geschmeidig ist. Zu einer Kugel rollen und wieder in die Schüssel legen, mit Klarsichtfolie abdecken und an einem warmen Ort etwa 1 Stunde ruhen lassen, bis der Teig doppelt so groß ist.

3 Den Teig in 12 gleichmäßige Stücke schneiden, zu glatten Kugeln formen und jeweils eine auf ein Stück Backpapier setzen. Locker mit Klarsichtfolie abdecken und etwa 30 Minuten an einem warmen Ort ruhen lassen, bis der Teig etwas aufgegangen ist.

4 Das Öl in einem großen, tiefen Topf auf 170 °C erhitzen. Die Donuts vorsichtig vom Backpapier ins heiße Öl gleiten lassen. Jeweils 3 auf einmal auf jeder Seite 30–60 Sekunden goldbraun backen.

5 Mit einem Schaumlöffel aus dem Öl nehmen und auf Küchenpapier abtropfen lassen.

6 Solange die Donuts noch warm sind, mit dem Griff eines Teelöffels seitlich in das Gebäck stechen und mit Kreisbewegungen Platz für die Füllung schaffen.

7 Für die Füllung den Ricotta mit dem Orangensaft verrühren. Die Orangen-Ricotta-Masse in einen Spritzbeutel füllen und in jeden Donuts etwas davon hineinspritzen. Für den Überzug den Zucker und die Orangenschale auf einem Teller vermischen. Die Donuts darin wälzen, sodass sie vollständig damit überzogen sind.

Variation
Servieren Sie diese Donuts mit einem schmackhaften Dip: 4 TL Orangensaft mit 100 ml griechischem Joghurt verrühren.

Energie 240 kcal/1007 kJ; Proteine 4,9 g; Kohlenhydrate 30,1 g – davon 17 g Zucker; Fett 11,9 g – davon 4,1 g gesättigte Fettsäuren; Cholesterin 22 mg, Kalzium 94 mg; Ballaststoffe 0 g; Natrium 120 mg

Haferkringel

Dieses Rezept ist eine etwas gesündere Alternative zu den üblichen Donuts. Auch als Bagel, also in der Mitte auseinandergeschnitten, getoastet und mit einer großzügigen Portion fettarmem Frischkäse bestrichen, schmecken sie köstlich und sind ideal zum Brunch. Nach Belieben können Sie als Überzug anstelle von Sirup auch Honig verwenden.

FÜR 12 STÜCK
225 g Weizenmehl (Type 550)
75 g Hafermehl
1 ½ TL Trockenhefe
1 EL Streuzucker
1 Prise Salz
65 g Butter, gewürfelt und gekühlt
1 Ei, verquirlt
120 ml lauwarme Vollmilch

Für das Topping
100 g Maissirup
50 g Haferflocken

Außerdem
etwas Mehl für die Arbeitsfläche
1 l Sonnenblumenöl zum Ausbacken

1 Die beiden Mehlsorten zusammen mit der Hefe, dem Zucker und dem Salz in eine Schüssel sieben. Die Butter mit den Fingerspitzen in die Mehlmischung einarbeiten. Das Ei und die Milch zugeben und die Masse kneten, bis sich alles verbindet.

2 Den Teig auf einer leicht bemehlten Arbeitsfläche ausbreiten und 10 Minuten durchkneten, bis er geschmeidig ist. Zu einer Kugel rollen und wieder in die Schüssel legen, mit Klarsichtfolie abdecken und an einem warmen Ort etwa 1 Stunde ruhen lassen, bis der Teig doppelt so groß ist.

3 Den Teig auf einer leicht bemehlten Arbeitsfläche etwa 1 cm dick ausrollen. Mit einem Donut-Ausstecher 12 Ringe ausstechen und jeweils auf ein Stück Backpapier setzen. Locker mit Klarsichtfolie abdecken und etwa 30 Minuten an einem warmen Ort ruhen lassen, bis der Teig etwas aufgegangen ist.

4 Das Öl in einem großen, tiefen Topf auf 170 °C erhitzen.

5 Die Donuts vorsichtig vom Backpapier ins heiße Öl gleiten lassen. Jeweils 3 auf einmal auf jeder Seite 30–60 Sekunden goldbraun backen. Mit einem Schaumlöffel die Donuts aus dem Öl nehmen und auf Küchenpapier abtropfen lassen.

6 Für das Topping etwas Zuckersirup auf die Donuts träufeln und damit einpinseln, solange sie noch warm sind. Mit Haferflocken bestreuen.

Energie 207 kcal/869 kJ; Protein 3 g; Kohlenhydrate 29 g, davon 12,9 g Zucker; Fett 9,6 g, davon 2,4 g gesättigte Fettsäuren; Cholesterin 10 mg; Kalzium 35 mg; Ballaststoffe 0,4 g; Natrium 118 mg

Mais-Donuts mit Kreuzkümmel

Von allen Donuts in diesem Buch haben sich diese als mein absoluter Favorit erwiesen. Die Ursache liegt vermutlich in der Textur des Maismehls und der subtilen Würze des Kreuzkümmels, die eine herrliche Kombination ergeben. Sie sind sehr einfach, aber genial gut!

FÜR 12 STÜCK
150 g Weizenmehl (Type 550)
1½ TL Trockenhefe
1 Prise Salz
75 g feines Maismehl
2 EL Butter, gewürfelt und gekühlt
1 Ei, verquirlt
120 ml Vollmilch

Zum Bestreuen
6 EL Streuzucker
1 TL gemahlener Kreuzkümmel

Außerdem
etwa 1 l Sonnenblumenöl zum
   Ausbacken

1 Das Mehl zusammen mit der Hefe und dem Salz sieben. Das Maismehl und die Butter zugeben und einarbeiten, bis eine leicht krümelige Masse entsteht. Das Ei und die Milch zugeben und die Masse kneten, bis sich alles verbindet.

2 Den Teig auf einer leicht bemehlten Arbeitsfläche ausbreiten, 10 Minuten durchkneten und zu einer Kugel formen. In eine leicht eingefettete Schüssel legen, mit Klarsichtfolie abdecken und bei Zimmertemperatur etwa 1 Stunde ruhen lassen, bis sich die Größe verdoppelt hat.

3 Den Teig in 12 gleichmäßige Stücke schneiden, zu glatten Kugeln formen und jeweils eine auf ein Stück

Backpapier setzen. Locker mit Klarsichtfolie abdecken und etwa 30 Minuten an einem warmen Ort ruhen lassen, bis der Teig etwas aufgegangen ist.

4 Das Öl in einem großen, tiefen Topf auf 170 °C erhitzen. Die Donuts vorsichtig vom Backpapier ins heiße Öl gleiten lassen. Jeweils 3 auf einmal auf jeder Seite 30–60 Sekunden goldbraun backen. Mit einem Schaumlöffel die Donuts aus dem Öl nehmen und auf Küchenpapier abtropfen lassen.

5 Zum Bestreuen den Zucker und den Kreuzkümmel vermischen und über die Krapfen streuen, solange sie noch warm sind.

Variation
Als pikante Abwandlung die Zuckerschicht weglassen und stattdessen etwas Chili-Marmelade als Dip reichen.

Energie 176 kcal/741 kJ; Protein 2,3 g; Kohlenhydrate 25 g, davon 13,4 g Zucker; Fett 8,2 g, davon 2,1 g gesättigte Fettsäuren; Cholesterin 9 mg; Kalzium 34 mg; Ballaststoffe 0 g; Natrium 85 mg

Ahornsirup-Speck-Donuts

Die Kombination aus Herzhaftem und Süßem ist immer aufregend, besonders wenn das Pikante ziemlich salzig ist. Gebratener Speck mit Ahornsirup beträufelt ist eine echte Delikatesse und diese Kombination macht sich in diesen köstlichen Donuts wirklich gut. Meine ganze Familie und all meine Freunde waren von diesem Rezept überrascht und es wurde schließlich zu unserem Dauer-Favoriten.

FÜR 12 STÜCK

225 g Weizenmehl (Type 550)
1 ½ TL Trockenhefe
1 EL Streuzucker
1 Prise Salz
65 g Butter, gewürfelt und gekühlt
1 Ei, verquirlt
120 ml lauwarme Vollmilch

Für das Topping

100 ml Ahornsirup
4 Streifen durchwachsener Speck, gebraten und fein gewürfelt

Außerdem

etwas Mehl für die Arbeitsfläche
etwa 1 l Sonnenblumenöl zum Ausbacken

2 Den Teig auf einer leicht bemehlten Arbeitsfläche ausbreiten und 10 Minuten durchkneten, bis er geschmeidig ist. Zu einer Kugel rollen und wieder in die Schüssel legen, mit Klarsichtfolie abdecken und an einem warmen Ort etwa 1 Stunde ruhen lassen, bis der Teig doppelt so groß ist.

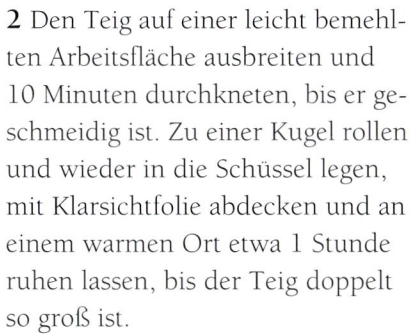

3 Den Teig auf einer leicht bemehlten Arbeitsfläche etwa 1 cm dick ausrollen. Mit einem Donut-Ausstecher 12 Ringe ausstechen und jeweils auf ein Stück Backpapier legen. Locker mit Klarsichtfolie abdecken und etwa 30 Minuten an einem warmen Ort ruhen lassen, bis der Teig etwas aufgegangen ist.

4 Das Öl in einem großen, tiefen Topf auf 170 °C erhitzen.

1 Das Mehl mit der Hefe, dem Streuzucker und dem Salz in eine Schüssel sieben. Die Butter mit den Fingerspitzen in die Mehlmischung einarbeiten. Das Ei und die Milch zugeben und die Masse kneten, bis sich alles verbindet.

5 Die Donuts vorsichtig vom Backpapier ins heiße Öl gleiten lassen. Jeweils 3 auf einmal auf jeder Seite 30–60 Sekunden goldbraun backen. Mit einem Schaumlöffel aus dem Öl nehmen und auf Küchenpapier abtropfen lassen.

6 Für das Topping die Donuts mit Ahornsirup beträufeln und gleichmäßig damit einpinseln, solange sie noch etwas warm sind. Mit den Speckwürfelchen bestreuen.

Energie 210 kcal/877 kJ; Protein 4,1 g; Kohlenhydrate 25 g, davon 11,3 g Zucker; Fett 11 g, davon 3 g gesättigte Fettsäuren; Cholesterin 16 mg; Kalzium 37 mg; Ballaststoffe 0 g; Natrium 207 mg

Kürbis-Donuts

Diese mild-würzigen Donuts sind der perfekte Happen für die Herbstmonate, wenn die Tage langsam kürzer werden und etwas Tröstendes für die Seele erforderlich ist. Kürbispüree können Sie in der Dose kaufen oder selbst herstellen, indem Sie einige Stücke Kürbis garen und in der Küchenmaschine pürieren.

FÜR 12 STÜCK

100 g weiche Butter

15 g Streuzucker

1 TL Vanilleextrakt

2 Eier

300 g Weizenmehl (Type 405)

2 TL Backpulver

1 Prise Salz

100 ml Vollmilch

100 g Kürbispüree (aus der Dose)

Für das Topping

65 g Puderzucker

¼ TL gemahlener Zimt

1 Prise gemahlene Muskatnuss

Außerdem

weiche Butter zum Einfetten

1 Den Backofen auf 180 °C vorheizen. Eine Donut-Backform mit 12 Vertiefungen mit weicher Butter einfetten.

2 Die Butter, den Zucker und den Vanilleextrakt in eine Schüssel geben und verrühren, bis eine leichte, cremige Masse entsteht. Nach und nach die Eier einarbeiten.

3 Das Mehl, das Backpulver und das Salz zu der Masse geben und unterheben. Die Milch zugeben und nur so lange vermischen, bis sich alles verbindet. Das Kürbispüree einarbeiten.

4 Den Teig in einen Spritzbeutel mit runder Tülle füllen und in die vorbereitete Backform spritzen. Dadurch lassen sich leichter schöne Kreise erzeugen. Sie können den Teig auch mit einem Löffel in die Form geben.

5 Auf der mittleren Schiebeleiste 15 Minuten im Ofen goldbraun backen. Herausnehmen und 5 Minuten ruhen lassen, dann aus der Backform lösen.

6 Für das Topping den Zucker mit dem Zimt und der Muskatnuss mischen. Dann die Donuts damit bestreuen, solange diese noch etwas warm sind.

Energie 284 kcal/1193 kJ; Protein 4,1 g; Kohlenhydrate 36,5 g – davon 15,8 g Zucker; Fett 14,6 g – davon 3,8 g gesättigte Fettsäuren; Cholesterin 16 mg; Kalzium 55 mg; Ballaststoffe 0,1 g; Natrium 150 g

Kartoffel-Donuts

Diese leichten und lockeren Kartoffelkrapfen werden mit einer Zuckerglasur und mit eleganten weißen Zuckerperlen verziert. Für den Teig benötigen Sie Reste von gekochten Kartoffeln, die oftmals bei den Mahlzeiten übrig bleiben.

FÜR 12 STÜCK
300 g Weizenmehl (Type 550)
1½ TL Trockenhefe
1 EL Streuzucker
1 Prise Salz
150 g gekochte Kartoffeln, zerdrückt
3 EL Butter, gewürfelt und gekühlt
1 Ei, verquirlt
120 ml lauwarme Vollmilch

Für die Glasur
300 g Puderzucker
50 ml Wasser

Außerdem
etwas Mehl für die Arbeitsfläche
4 EL weiße Zuckerperlen zum
   Bestreuen

1 Das Mehl zusammen mit der Hefe, dem Streuzucker und dem Salz in eine Schüssel sieben. Die Kartoffeln und die Butter zugeben und mit den Fingerspitzen in die Mehlmischung einarbeiten. Das Ei und die Milch hinzufügen und die Masse kneten, bis sich alles verbindet.

2 Den Teig auf einer leicht bemehlten Arbeitsfläche ausbreiten und 10 Minuten durchkneten, bis er

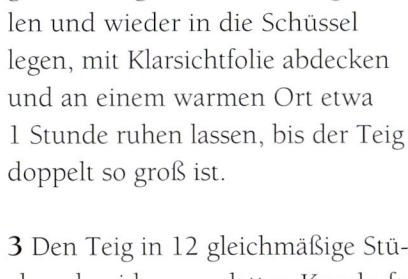

geschmeidig ist. Zu einer Kugel rollen und wieder in die Schüssel legen, mit Klarsichtfolie abdecken und an einem warmen Ort etwa 1 Stunde ruhen lassen, bis der Teig doppelt so groß ist.

3 Den Teig in 12 gleichmäßige Stücke schneiden, zu glatten Kugeln formen und jeweils eine auf ein Stück Backpapier setzen. Locker mit Klarsichtfolie abdecken und etwa 30 Minuten an einem warmen Ort ruhen lassen, bis der Teig etwas aufgegangen ist.

4 Das Öl in einem großen, tiefen Topf auf 170 °C erhitzen.

5 Die Krapfen vorsichtig vom Backpapier ins heiße Öl gleiten lassen. Jeweils 3 auf einmal auf jeder Seite 30–60 Sekunden goldbraun backen. Mit einem Schaumlöffel aus dem Öl nehmen und auf Küchenpapier abtropfen lassen.

6 Für die Glasur den Puderzucker und das Wasser in einer kleinen Schüssel glattrühren, bis sich alle Zutaten vermengt haben.

7 Die Glasur mit einem Löffel über die Krapfen verteilen und ganz damit überziehen, solange sie noch etwas warm sind. Mit den Zuckerperlen garnieren und vor dem Servieren trocknen lassen.

> **Tipp**
> Anstelle von gekochten Kartoffeln können Sie auch eine Packung Instant-Kartoffelbrei verwenden.

Energie 281 kcal/1184 kJ; Protein 2,8 g; Kohlenhydrate 46,9 g – davon 32,4 g Zucker; Fett 10,4 g – davon 3,2 g gesättigte Fettsäuren; Cholesterin 13 mg; Kalzium 40 mg; Ballaststoffe 0,2 g; Natrium 96 mg

Donut-Kuchen

Dieser wundervolle, festlich anmutende Donut-Kuchen, eignet sich für Geburtstagspartys aller Art. Kinder lieben ihn allerdings besonders, denn er ist mit Schokoladenbuttercreme gefüllt und ganz mit Schokolade überzogen. Die große Donut-Form ist online und in Haushaltsfachgeschäften erhältlich. Damit lassen sich zwei Hälften backen, die Sie dann mit Buttercreme füllen.

FÜR 1 KUCHEN

10 g weiche Butter
15 g Streuzucker
1 TL Vanilleextrakt
2 Eier
275 g Weizenmehl (Type 405)
2 TL Backpulver
1 Prise Salz
150 ml Vollmilch

Für die Schokoladenbuttercreme

150 g weiche Butter
300 g Puderzucker
100 ml Crème double
50 g ungesüßtes Kakaopulver

Für die Glasur

100 g dunkle Zartbitterschokolade, in Stücken
100 ml Crème double
60 ml Maissirup

Außerdem

weiche Butter zum Einfetten
Zuckerblumen

1 Den Backofen auf 180 °C vorheizen. Beide Teile einer Donut-Kuchen-Form aus Silikon (Ø 21 cm) mit weicher Butter einfetten.

2 Die Butter, den Streuzucker und den Vanilleextrakt in eine Schüssel geben und schlagen, bis eine leichte und cremige Masse entsteht. Nach und nach die Eier einrühren.

3 Das Mehl, das Backpulver und das Salz zu der Masse geben und unterheben. Die Milch zugeben und nur solange rühren, bis sich alles verbindet.

4 Den Teig gleichmäßig auf die beiden Formen verteilen. Auf der mittleren Schiebeleiste 30–35 Minuten im Ofen goldbraun backen. Herausnehmen und 5 Miuten ruhen lassen, dann aus den Formen lösen. Auf einem Kuchengitter ganz abkühlen lassen.

5 Für die Schokoladenbuttercreme die Butter mit dem Puderzucker schlagen, bis eine krümelige Masse entsteht. Die Crème double unterschlagen, bis die Buttercreme dick und glatt ist. Das Kakaopulver dazugeben und glattrühren.

6 Für die Schokoladenglasur die Schokolade, die Crème double und den Sirup bei geringer Hitze in einem antihaftbeschichteten Topf schmelzen lassen, bis eine glatte und glänzende Masse entsteht. Den Topf vom Herd nehmen und beiseitestellen.

7 Die hohle Hälfte des Donut-Kuchens gleichmäßig mit der Schokoladenbuttercreme füllen. Die andere Hälfte des Kuchens daraufsetzen.

8 Die Schokoladenglasur über den Kuchen gießen, sodass sie an den Seiten etwas herunterläuft. Mit einigen Zuckerblumen verzieren und dann die Glasur fest werden lassen. Den Kuchen in Stücke schneiden und servieren.

Energie 543 kcal/2275 kJ; Protein 5,5 g; Kohlenhydrate 64,2 g – davon 46 g Zucker; Fett 31,2 g – davon 19 g gesättigte Fettsäuren; Cholesterin 108 mg; Kalzium 76,7 mg; Ballaststoffe 1,9 g; Natrium 195 mg

Mozzarella-Donuts

Diese Mozzarella-Donuts bestechen durch ihre köstliche Füllung aus geschmolzenem Käse. Sie schmecken besonders köstlich, wenn sie noch warm und leicht mit Zucker bestreut sind. Sie sind eine pikant-süße kulinarische Erfahrung, die an einen Abstecher in die Pizzeria erinnert.

1 Das Mehl zusammen mit der Hefe, dem Zucker und dem Salz in eine Schüssel sieben. Die Butter mit den Fingerspitzen in die Mehlmischung einarbeiten. Das Ei und die Milch zugeben und die Masse kneten, bis sich alles verbindet.

2 Den Teig auf einer leicht bemehlten Arbeitsfläche ausbreiten und 10 Minuten durchkneten, bis er geschmeidig ist. Zu einer Kugel rollen und wieder in die Schüssel legen, mit Klarsichtfolie abdecken und an einem warmen Ort etwa 1 Stunde ruhen lassen, bis der Teig doppelt so groß ist.

4 Das Öl in einem großen, tiefen Topf auf 170 °C erhitzen.

5 Die Krapfen vorsichtig vom Backpapier ins heiße Öl gleiten lassen. Jeweils 3 auf einmal auf jeder Seite 30–60 Sekunden goldbraun backen. Mit einem Schaumlöffel aus dem Öl nehmen und auf Küchenpapier abtropfen lassen.

FÜR 12 STÜCK

225 g helles Brotmehl (Type 550)
1½ TL Trockenhefe
1 EL Streuzucker
1 Prise Salz
65 g Butter, gewürfelt und gekühlt
1 Ei, verquirlt
120 ml lauwarme Vollmilch
12 Mini-Mozzarella-Kugeln

Für die Garnitur

4 EL Puderzucker

Außerdem

etwas Mehl für die Arbeitsfläche
etwa 1 l Sonnenblumenöl zum Ausbacken

3 Den Teig in 12 gleichmäßige Stücke schneiden, zu glatten Kugeln formen und diese leicht abflachen. Jeweils eine Mozzarellakugel in die Mitte legen, den Teig um den Mozzarella herumformen, die Ränder zusammendrücken und wieder zu Kugeln formen. Jeweils eine Kugel auf ein Stück Backpapier legen. Locker mit Klarsichtfolie abdecken und etwa 30 Minuten an einem warmen Ort ruhen lassen, bis sie etwas aufgegangen sind.

6 Die noch warmen Krapfen mit Zucker bestreuen, sodass sie vollständig damit bedeckt sind. Sofort servieren, solange der Mozzarella in der Mitte noch geschmolzen ist.

Variation
Für eine noch pikantere Variante die Zuckerschicht weglassen und mit etwas Tomatensoße als Dip servieren.

Energie 217 kcal/910 kJ; Protein 4,9 g; Kohlenhydrate 24,6 g – davon 11,5 g Zucker; Fett 11,7 g – davon 4,1 g gesättigte Fettsäuren; Cholesterin 17 mg; Kalzium 78 mg; Ballaststoffe 0 g; Natrium 144 mg

Donut-Auflauf

Ich bin seit jeher ein riesiger Fan von süßen Brot-Aufläufen und dieser lässt sich schnell und einfach zubereiten, besonders wenn Sie ungefüllte Donuts übrig haben. Dieser reichhaltige, süße Nachtisch ist ideal für kühle Winterabende. Nach Belieben mit etwas Vanillepudding servieren.

FÜR 5–6 PORTIONEN

5–6 Donuts (siehe Rezept auf
   Seite 26, aber ohne Füllung)
2 ½ EL weiche Butter
25 g Rosinen
25 g Sultaninen
250 ml Vollmilch
50 ml Crème double
2 Eier, verquirlt
1 ½ EL Streuzucker
1 Prise gemahlener Zimt
1 Prise gemahlene Muskatnuss

Außerdem
Aprikosenmarmelade zum Bepinseln
Puderzucker zum Bestäuben

hitzebeständigen Schüssel verrühren, dann die warme Milchmischung unter ständigem Rühren in die Eimischung gießen.

1 Den Backofen auf 180 °C vorheizen. Die Donuts in Scheiben schneiden und auf beiden Seiten mit Butter bestreichen. In einer 23 x 30 cm großen feuerfesten Form anordnen, sodass die Scheiben überlappen. Mit den Rosinen und den Sultaninen bestreuen.

2 Die Milch und die Crème double sanft in einem Topf erhitzen, jedoch nicht kochen. Vom Herd nehmen. Die Eier mit dem Zucker in einer

3 Diese Mischung gleichmäßig über die Donutscheiben und die Rosinen gießen und mit Zimt und Muskatnuss bestreuen. Auf der mittleren Schiebeleiste 30 Minuten im Ofen goldbraun backen.

4 Die Oberseite des Auflaufs mit Aprikosenmarmelade bestreichen, solange er noch warm ist. Dann mit Puderzucker bestäuben und servieren.

Tipp
Sie können auch einfache, mit Zucker bestäubte Donuts (siehe Seite 22) verwenden. Ich verwende gerne ungefüllte Krapfen, da sich damit die Form gleichmäßig auskleiden lässt.

Energie 398 kcal/1661 kJ; Protein 7,3 g; Kohlenhydrate 34,9 g – davon 19 g Zucker; Fett 26,4 g – davon 11,7 g gesättigte Fettsäuren; Cholesterin 124 mg; Kalzium 109 mg; Ballaststoffe 0,2 g; Natrium 218 mg

Register